SV

E. M. Cioran
Leidenschaftlicher Leitfaden

*Aus dem Rumänischen übersetzt
und mit einer
Nachbemerkung versehen
von Ferdinand Leopold*

Suhrkamp Verlag

Originaltitel: *Îndreptar pătimaş* (1940–1944)
Die Übersetzung folgt der
zweiten handschriftlichen Fassung
Paris 1941–1944

Erste Auflage 1996
© Suhrkamp Verlag Frankfurt am Main 1996
Alle Rechte vorbehalten
Satz: Bibliomania GmbH, Frankfurt am Main
Druck: Wilhelm Röck, Weinsberg
Printed in Germany

Hôtel Racine
1941–1944

Illisible, inutilisable, impubliable
20 Oct. 1963

I

1. Cu râvnă și amor, cercat-am să culeg roadele cerului — și n-am putut. Ele se înălțau spre un stâi ce alt cer, când mâi-nile le înfruptăm în rodnicia lor.

Crengile bolților se apleacă în nădejdile rugilor nerote; acestea pleolindu-se, ele nu pierd fructele.

Nici flori nu înfloresc pe cer, și nici poame nu rodesc. La el acasă, D-zeu nearând ce pârză, de necaz, și de urât pustiește grădinile omului.

Nu, nu; nu pe acești ilmi vin orbi văzul. Destul; nu-am pierdut din lumină cerșind pomana Înăl-țimilor. Sătul de tot felul de ceruri nu-am lăsat sufletul biruit de podoabele lumii.

1

Mit Feuereifer und Bitterkeit habe ich versucht, des Himmels Früchte zu pflücken – und es ist mir mißlungen. Sie strebten empor gen ich weiß nicht welchen anderen Himmel, als meine Hände sich an ihrer Fruchtbarkeit gütlich taten.

Das Geäst der Gewölbe beugt sich in den Hoffnungen unserer Gebete; halten diese aber inne, so verliert jenes seine Frucht.

Nicht blühen im Himmel Blumen, nicht gedeiht die Frucht. Bei sich zu Hause verwüstet der müßiggehende Gott, denn für ihn gibt es nichts mehr zu hüten, aus Verdruß und Langweile die Gärten des Menschen.

Nein, nein; nicht auf Gestirnen werde ich die Sehkraft mir blenden. Genug Licht habe ich eingebüßt, als ich die Höhen um Almosen anbettelte. Jedweder Himmel überdrüssig, ließ ich meine Seele durch den Zierat der Welt bezwingen.

2

»... und Er lagerte vor dem Garten Eden morgenwärts die Cheruben und die Lohe des zuckenden Schwerts, zu bewachen den Weg zu dem Baume des Lebens.« (Genesis III, 24)

An diesem Weg habe ich oft gebettelt. Und die Vorübergehenden, ärmer als ich, streckten wüstenhafte

9

Handflächen aus, in die ich der Hoffnungen Scherf-
lein fallen ließ. Und wie ich so mit dem Troß der
Bedrückten ging, lief der Pfad blind aus in den Sümp-
fen, und der Schatten der Zweige des Paradieses verlor sich im Spurlos der Welt.

Nicht mit Zagheit und mit Geduld werden wir uns
zum Herrn über das aufschwingen, was dem verhängnisvollen Ahn entglitt. Uns tut Feuerdenken not –
und wenn wir Waffen schärfen und Wahnsinn, werden die feindseligen Cherubim an der Glut unserer
Seele zerschmelzen.

Hat der Allmächtige uns seine Wege versperrt? Dann
werden wir einen andern Baum pflanzen, hienieden,
wo Er weder Wächter besitzt noch Schwerter und
Flammen. Das Paradies werden wir im Schatten der
Mühsal gebären – und sanft ruhen unter irdischem
Gezweig als Engel der Vollendung für einen Augenblick. Soll *Er* mit einer Ewigkeit ohne irgend jeman-
den bleiben; wir wollen weiter sündigen und in die
unter der Sonne faulenden Äpfel beißen. Indem wir
die Wissenschaften der Verfehlung umarmen, werden
wir Ihm gleich, und – durch die Schmerzen der Versuchung – sogar noch größer.

Er glaubte uns durch den Tod zu Sklaven zu machen,
und dienen sollen wir Ihm. Aber gemächlich haben
wir uns ans Leben gewöhnt.

Leben: sich üben im Irrtum. Über die gewissen
Wahrheiten des Zu-Ende-gehens lachen, dem Absoluten keine Beachtung schenken, den Tod verwandeln
in Scherz und in Zufall das Unendliche. Atmen läßt

sich nur in den Urtiefen des Wahns. Der einfache Umstand, zu sein, wiegt überwältigend schwer, dagegen ist Gott armseliger Tand.

Gewappnet mit den Zufälligkeiten des Lebens, werden wir die blutrünstigen Sicherheiten verwüsten, die uns umlauern. Wir werden in die Gewißheiten einstürmen, wir werden über die Wahrheiten herfallen, wir werden uns mit den nichtigen Lichtern entzweien. Ich will leben, und allenthalben springt der Geist mir entgegen, Verfechter der Sache des Nichtseins.

… Also zückt, sich selber liebend, der Mensch das Schwert im Kreuzzug der Irrtümer.

3

Meine Mitmenschen kenne ich. Oftmals habe ich in ihren abwesenden und leeren Augen das Sinnlos meines Schicksals gelesen oder meinen Aufruhr im Innehalten ihres Blickes ausruhen lassen. Aber ihre Aufwühlung ist mir nicht fremd. Sie *wollen*, sie *wollen* ohn Unterlaß. Und da es nichts zu *wollen* gibt, stapften meine Schritte auf ihren Spuren wie durch Dornen, mein Pfad schlängelte sich durch den Schlamm ihrer Wünsche und bleichte ihr nutzloses Suchen im Strahlenglanz des Unbrauchbaren.

Sie ahnen nicht, daß Himmel und Hölle Ausblühungen des Augenblicks sind, des Augenblicks selbst, daß nichts die Stärke der sinnlosen Verzückung übertrifft. Auf ihrem sterblichen Gang bin ich dem immerwährenden Innehalten in den Schwingungen des Augenblicks nicht begegnet.

Ich sehe einen Baum, ein Lächeln, einen Sonnenaufgang, eine Erinnerung. Bin ich in alldem nicht grenzenlos? Was erwarte ich über jenes endgültige Erschauen hinaus, jenes unheilbare Erschauen des zeitlichen Blitzes?

Die Menschen leiden an der Zukunft, stürzen sich ins Leben, flüchten in die Zeit, suchen. Und nichts schmerzt mich mehr denn ihre suchenden, vergeblichen, doch der Vergeblichkeit baren Augen.

Ich weiß, daß alles dem *Endziel* zustrebt, daß es nur einen Augenblick gibt, jeden Augenblick, daß der Baum des Lebens das im Tatendrang des Seins umkehrbare Hervorbrechen der Ewigkeit ist.

Und so will ich nichts mehr. Oftmals, wenn ich in Nächten wache, in mächtigen Nächten, welche die Abgründe der Welt vor den Geist heben, wie könnte ich wissen, ob ich bin oder nicht mehr bin? Und kannst du dann noch sein oder nicht sein? Oder wie kannst du, von den Unentwirrbarkeiten der Musik ergriffen, in ihnen verloren, geläutert von den Wechselfällen des Atems, deinen Mitmenschen gleichen?

Nur ein Ziel haben: nutzloser sein als die Musik. In ihr erfährst du weder das *Ist* noch das Ist *nicht*. Wo befindest du dich als aufgewirbeltes Opfer ihres Zaubers? Ist sie aber nicht ein tönendes *Nirgends*?

Die Menschen verstehen sich nicht darauf, unnütz zu sein. Sie haben Wege zu verfolgen, Ziele zu erreichen, Bedürfnisse zu erfüllen. Sie genießen die Unvollkommenheit nicht, wenn der »Sinn« des Lebens die Ekstase dieser Unvollkommenheit ist! Doch wie ihnen die Oberflächen dieses Geheimnisses entschleiern, wie sie mit dem Glanz des Mysteriums entzücken und sie mit einer so einfachen Berückung berauschen? Da kommen mir gewisse Nächte und gewisse Tage in den Sinn …

Das nächtliche Schweigen in den Gärten des Südens … Zu wem beugen sich die Palmbäume herab? Ihre Zweige scheinen ermattete Ideen. Früher, als ich im Blut mehr Alkohol trug und mehr Spanien, würde mein Zürnen sie zum Himmel zurückgedrängt, die Leidenschaft ihre irdische Müdigkeit lotrecht aufgerichtet und die Zuckungen des Herzens sie in Sternennähe gestoßen haben. Jetzt bin ich selig, mich von den Gestirnen durch denkende Zweige zu scheiden, mich in ihrem Wehen an einer milden Einsamkeit zu laben, mich in Herrlichkeit auf einer in der Nacht vergotteten Erde zu vernichten.

Wenn wir in Gärten lebten, wäre die Religion nicht möglich. Ihre Abwesenheit hat uns in die Sehnsucht nach dem Paradies getrieben. Der Raum ohne Blumen und Bäume stachelt die Augen zum Himmel hinauf und gemahnt die Sterblichen daran, daß ihr Urahn zeitweilig in der Ewigkeit und im Schatten von Bäumen gerastet hat. Geschichte ist Verneinung des Gartens.

Die Hoffnungen verdanke ich den Nächten. Auf Flügeln der Finsternis, Ausdehnung gab es nicht mehr, allein zwischen Materie und Traum, erhob ich die Würzen der Enttäuschung zu Düften von Seligkeit. Nichts dünkt mich unmöglich in der Nacht – diesem *Mögli-*

chen ohne Zeit. Alles mag möglich sein – aber Zukunft gibt es nicht. Die Ideen werden Gedankenvögel – und wohin entfliegen sie? In eine unmerklich zitternde Ewigkeit wie einen von Reflexionen zernagten Äther.

… So brachte ich es dahin, die Sonne mit einer sonderbaren Aufmerksamkeit zu betrachten. Durch welches Mißverständnis haben die Menschen ihr die Trübungen geraubt und sie in Wohltaten umgemünzt? Welcher Mangel an Poesie hat ein reines Gestirn zu einem Ungeheuer des Nützlichen herabgewürdigt? Haben wir uns nicht alle seinen Strahlen allzumenschlich genaht und, indem wir es für einen Quell des Wirklichen hielten, ihm zuviel Wirklichkeit verliehen? Warum haben wir den *Zweck* sogar auf den Himmel projizieren müssen?

Ich weiß nicht, wie weit das *Sein* der Sonne reicht. Aber ich weiß allzu gut, wie sehr ich nicht unter ihr bin. – Wer an Meeresgestaden, Stunde um Stunde, mit halbgeöffneten Augen, parallel zur Zeit, horizontal zum Traum und verschwindsüchtig wie der Augenblicksschaum auf dem vergoldeten Sand, das Gemisch von Seligkeit und Nichts der Glanzverschwendung nicht erfühlt hat – kennt keine der Gefahren, welche die Schönheit in die Welt getragen hat.

Ich wähnte mich jung unter der Sonne und bin alterslos erwacht. Und wenn mir in Mitternächten noch Jahre bevorstanden, so zerrannen sie mir an Mittagen. Alle Lebensalter fliehen, und du bleibst Sein und Nichtsein, bebende Hoheit im mystischen Nihilismus des Sonnenaufglühens.

4

Als ich hinabstieg von der Siebenbürgischen Burg, zu
ich weiß nicht welcher Stunde der Abenddämmerung
und in welchem Jahr der Jugend, unglücklich und
lechzend nach Unglück, zu eingebildet, um an die
Sonne zu denken – hat mir die Offenbarung des Son-
nenniedergangs den Stolz der Knie jäh gebrochen.
Meine Schatten trafen zusammen mit der Müdigkeit
der Dämmerung, und was zwischen den Herzflecken
von der Sonne übrig blieb, ist am Fuße einer golde-
nen Agonie in die Knie gesunken. Und meine dem
Gestirn entbotene Dankbarkeit wandte sich hin zum
Ägypten der eigenen Seele.
Seitdem habe ich unausgesetzt den Tod und die Sonne
beweihräuchert – als Urenkel ich weiß nicht welches
Tagediebs von den unvordenklichen Ufern des Nils.

5

Wie du die Bücher liebst, über denen du beinahe ge-
weint hättest, die Sonaten, die dich des Atems be-
raubten, die Parfums, die dir vom Entsagen wispern,
die zwischen Leib und Seele verirrten Frauen – so
auch die Meere: du verliebst dich in jene, die vom
Ertrinken wogen.
Im Mittelländischen Meer habe ich keine Poesie gesucht, weder Gewalten noch wütende Wellenwirbel.
Dieses Rufen habe ich auf den Riffen der Bretagne
erwidert. Aber wie könnte ich ein Meer vergessen, in
dem ich meinen Gedanken ließ?
In einem Gedächtnis, flüchtiger als die Ewigkeitsah-

nung der Eintagsfliege, würde ich das Weihebild und die Dankbarkeit des nichtmenschlichen Blau des dekadenten Meeres noch bewahren. An seinen Gestaden sind Reiche zusammengebrochen – und wie viele Throne der Seele …

Wenn die Luft ihre Unruhe aufgehoben und die mittägliche Reglosigkeit ihre Wogen in einem abstrakten Glast geglättet hat, dann weiß ich, was das Mittelmeer ist: *das reine Wirkliche*. Die Welt ohne Inhalt: *tatsächliche* Grundlage der Unwirklichkeit. Nur der *Gischt* allein – sich ereignendes Nichts – wirkt fort wie ein Streben zum Sein …

Keiner von uns hat eine größere Fähigkeit als die, in See zu stechen. Ohne die Sehnsucht, den Anker auszuwerfen. Besteht der Sinn der Unbeständigkeit nicht darin, das Meer *auszuschöpfen*? Keine Woge überlebe die Odyssee des Herzens. Ein Odysseus – mit allen Büchern. Ein Durst nach hoher See, der Bücherstößen entspringt, eine belesene Verirrung. *Wissen* um alle Wellen …

6

Ästhetische Frömmigkeit: den Scheinbarkeiten eine religiöse Achtung entgegenbringen, die Erde ohne die Sehnsucht nach dem Himmel betreten, glauben, daß alles eine Möglichkeit des Blühens ist – und nicht des Absoluten.

Wenn du niemals bedauert hast, keine Flügel zu haben, um die Natur nicht mit den grausamen Schritten des Menschen zu schänden, hast du diese Erde nie geliebt. Sooft ich sie aufgespürt, sooft ich sie im Herzen und nicht unter den Fußsohlen gefühlt habe, verwandelten sich die Gestirne, zu denen ich in der Entwurzelung aufblickte, in Wachs und zerflossen in einem Blut, das hernach den Himmel vergaß. Du kannst emporblicken, sooft du willst, die Rührung in den seltenen Begegnungen mit der Erde, die du gehend verachtest, wirst du nicht erfahren. Aber mit ihr von Angesicht zu Angesicht, unter vier Augen mit ihren Übergängen – welches Schluchzen brüderlicher Trübsal, inniger Bitternis verbindet dich dann nicht in einer ergreifenden Umarmung! Genug hab ich meine Augen mit euch gequält: ihr Engel, Heiligen und Gewölbe!

Jetzt will ich die Ehrfurcht vor den Erdklumpen lernen. Könnte ich denn *niederwärts* blicken mit der Leidenschaft, die mir die Lider hob im lotrechten Schaudern? Welches Laster und welche Qualen im Laster haben das Auge ins Übernatürliche getrieben? Die Religion hindert es an seiner natürlichen Berufung: zu sehen. Seit dem Christentum sehen die Augen nicht mehr.

Derselbe Mensch, der auf Zehenspitzen über die Grabsteine der Kirche geht, speit in den Gärten – müßte doch nur unterm Gezweig die Freude der unter die Sinne gemischten Gedanken einen Tempel errichten und eine Mythologie der Empfindung entwerfen.

Was soll ich mit dem Himmel anfangen, da mir sowohl Verwelken als auch Qual und Verzückung des

Aufblühens fremd sind? Mit der Schöpfung geweihten Dingen will ich sein und mit ihnen, den gleichermaßen dem Sterben geweihten, sterben. Warum habe ich euch vom Erlöschen gesprochen, ihr unerloschenen Gestirne? Ich habe das Nichts allzusehr *anderwärts* gesucht. Aber ich kehre zurück in die Gefilde, wo Ermüdung keucht. Darin will ich wandeln wie ein nach Sünde dürstender Klausner.

7

Aus allem Flüchtigen – und nichts ist anders – pflücke durch Empfindungen Essenzen und Intensitäten. Wo das Wirkliche suchen? Das kannst du nirgends. Nur auf der Tonleiter der Gefühlsregungen. Was sich nicht zu ihnen emporschwingt, ist so gut wie gar nicht. Ein neutrales Universum ist abwesender als ein fiktives. Nur der Künstler vergegenwärtigt die Welt, und nur der Ausdruck rettet die Dinge aus ihrer fatalen Irrealität.

Was bleibt dir von all dem Erlebten im Gedächtnis haften? Die Freuden und Schmerzen ohne Namen – aber für die du einen gefunden hast.

Das Leben hält nur solange vor wie unsere Schauder. Außerhalb ihrer ist es lebenstrotzender Staub.

Was du siehst, erhebe in den Rang eines Gesichts; was du hörst, auf die Stufe der Musik. Denn *an sich* ist nichts. Unsere Schwingungen fügen die Welt zusammen; die Entspannungen der Sinne ihren Stillstand.

Wie kraft Gebets das Nichts zu Gott, so wird der Schein durch Ausdruck zum Sein. Das Wort entreißt dem unmittelbaren Nichts, in dem wir leben, die Vorrechte, beraubt es der Fließkraft und Unbeständigkeit. Wie könnten wir uns im Dickicht der Empfindungen zurechtfinden, wenn wir ihnen nicht in Formen Einhalt geböten – *in dem, was nicht ist?* Dergestalt legen wir ihnen Sein bei. Die Wirklichkeit ist verfestigter Schein.

Der verneinende Aufruhr des Fleisches, das biblische Aufbegehren des Bluts, das Weihebild des sofortigen Todes und der verheerende Zauber der Krankheit verblassen angesichts der Verzweiflung, die aus der Herrlichkeit der Welt hervorstrahlt. Und wenn ich des schärfsten und bohrendsten Schmerzes gedächte und der gewissesten Umnachtung der dem Ich unterworfenen Materie, so sind sie matt gegen die ekstatische Marter irdischer Prunkentfaltung. Als ich einsam weilte auf Bergen oder in Meeren, in gelassenem oder klingendem Schweigen unter nostalgischen Tannen oder immanenten Palmen und meine Sinne sich mit der Welt über die Zeit hinaus hoben, zerfleischte mich die Seligkeit, in Schönheit zu sein, und die Gewißheit, sie in der Zeit zu verlieren, so erbarmungslos, daß die Landschaft sich in die zweideutige und erhabene Substanz einer untröstlichen Bewunderung zerlöste. Nur Häßlichkeit ist schmerzlos. Aber der Zauber der Scheinhaftigkeiten, welche die Höhen bloßstellen, ist erschütternder denn alle von der Sanftmut des Menschen ersonnenen Höllen. Nicht dessen Qualen haben mich aus der Welt herausgerissen, sondern meine Sinne sind in Unglück zerflossen, weil ich allzu oft das Paradies auf Erden erblickte. Warum stieß mich in der Vollendung des absoluten Augenblicks ein Murmeln von Vergänglichkeit zurück zu den Grausamkeiten der Zeit?

Hast du einen blühenden Mandelbaum gesehen, der sich sanft unter der Einflüsterung der Brise schüttelt, und den zwischen seinen Zweigen herabgestiegenen unheilbar südlichen Himmel, so daß oberhalb des unmittelbaren Blühens sich das Auge nichts vorstellt –, dann hast auch du die Augenblicke abgeschüttelt, um noch bitterer zu stürzen in die Wüsten der Zeit.

Die Angst vor einem Ende des Schauderns vergiftete mir das Eden des Empfindens, denn nichts dürfte in den Sinnen, die in die Schöpfung hineingestoßen sind, zum Abschluß kommen. Die Herrlichkeiten der Welt haben mich gewaltsamer geschunden als das Wüten des Fleisches, und in Seligkeit blutete ich heftiger als in Verzweiflung.

Die mystische Ausdünnung der Zeit im absoluten Nichts der Schönheit ... Mit ihm will ich die Erwartungen des Blutes ernähren, mit dem Wellengang und den harmonischen Spiegelungen der ewigen Sinnlosigkeit. Zwecke kennt nur das Scheinhafte, für das du sterben wolltest ... Werden die Blütenblätter an die Stelle der Ideen treten?

Die Zeit fordert einen anderen Saft, die Blutgefäße ein anderes Gemurmel, das Fleisch andere Schwindeleien ... Eine unmittelbare Welt – und ganz und gar unnütz; Rosen, die jedem zu Gebote stehen und die des Denkens Nymphen nie zu pflücken wagten ...

Warum ich Erlösung in anderen Welten gesucht habe, wenn das Gewoge dieser dich doch in süßeren Vernichtungen verewigen kann? – Allem Erblühen werde ich ein berauschendes Nichts entreißen und mir ein Schlummerbett auf der Blumenkrone der Felder errichten. Und nicht mehr werde ich zu den Sternen fliehen noch in Mondfernen Zuflucht suchen.

Ästhetisches Nirvana der Welt: das Höchste in höchstem Schein erringen. Nichts und alles sein im Schaum des Unmittelbaren. Und zu den Rändern des Ichs emporfahren, im Unbedingten und Flüchtigen.

8

Lehrmeinungen sind ausgemergelt, Unterweisungen stumpf, Überzeugungen lächerlich und theoretische Verzierungen unfruchtbar. Leben ist nur in der Inbrunst der Seele. Wenn du damit die Musik nicht überflüssig machst und die Langeweile nicht in den Rang des Orakels hebst, in welchem Rätsel wirst du dich dann begraben? Dringt im Pulsschlag nicht das Geheimnis der Materie selbst durch, und ruft uns nicht sein Rhythmus auf zu den Melodien des Unentschlüsselbaren?

Ich bin wach und weiß nicht, woran ich glauben soll; von Akkorden verdüstert, noch weniger. Aber warum verwandelt sich, wenn ich so glaubensleer verharre, das *Leben* ins *Ich* und ich bin allüberall?

Das Finale der inwendigen Musik ist Zerfließen in ein kosmisches Andante. Der Wirbelsturm, der mit Drommeten in die Ideen dröhnte, legt sich, und eine horizonthafte Ruhe versickert wie eine besonnte Abwesenheit.

... Oftmals fühlte ich meine Seele neben dem Leib. Oftmals fühlte ich sie fern, oftmals nutz- und haltlos. Und wie hätte ich ihr folgen sollen, in jähen Himmelfahrten, herausgerissen aus der Schlafstätte des Herzens? Besteht ihr Zweck nicht darin, in den Flußbetten der Sinne umherzuirren? Was treibt sie denn ins Weite, wohin ich ihr nicht zu folgen vermag? Die Menschen *haben* sie, verfügen über sie, sie ist ihnen zu eigen.

Nur ich bleibe unter mir ...

Laßt die Seele unbewacht; wie sie gen Himmel taumelt! Ihre natürliche Ausrichtung ist Widerwärtigkeit. Mit welchen Fangnetzen werde ich sie an die Erde binden? Wenn ihre Gewitter die Leidenschaft der vergänglichen Dinge ergriffen, und wenn ich sie im Zaume halten und in des Leibes Fesseln schlagen könnte! Ein einziger Augenblick der Unachtsamkeit genügt, und sie befreit sich mit Feuereifer zu anderen Welten. Woher soll die jähe Feuersbrunst kommen, die sie in himmlische Gefilde verjagt, während du an der Seite eines Leibes in Verlassenheiten Opfer bleibst?

Es ist eine mörderische Zuckung, welche die irdischen Bande bezwingt, ein Durst nach Seligkeit außerhalb der Seligkeiten, eine Sehnsucht nach astraler Ohnmacht, nach Verdammnis in Schaudern, nach Ertrinken im Gischt göttlicher Reue. Welche Schwingen sprießen ihr geheimnisvoll, daß sie jenseits der Sonne jäh aufzuckt und die Quellen des Lichts in ihrem Flug zurückläßt, ergriffen von einem unergründlichen Leben jenseits des Lebens?

Tausende Male möchtest du sterben – und sie zerreißt sich im weit gespreiteten Nirgends.

… Ich habe der Seele Muße in Landschaften gesucht, im Lächeln, in Ideen. Aber die Umherschweifende leistete ihnen nicht Gesellschaft, sondern flatterte auf den Scheiteln der Welt. – Wann wird ihr Brodeln in die Nähe der alltäglichen Nichtseienden niedersteigen? Hätte ich doch eine andere Seele. Eine vergeblichere!

9

Ich weiß, daß irgendwo in mir ein Teufel nicht sterben kann. Ich brauche weder ein scharfes Gehör für subtile Qualen noch einen Geschmack für den Essig des Bluts, sondern nur das taube Schweigen, in dem ein langwährendes Gejammer aufkeimt. Dann erkenne ich die Gefahr. Und sobald ich zum despotischen und demütigenden Bösen zurückkehre, hebt der Teufel sich in die Lüfte, ins Gehirn, ins Gemäuer – unvermittelte, rauhe und verheerende Gottheit.

Erstarrt verharrst du und wartest. Wartest auf dich. Aber was anfangen mit dir? Was dir sagen, umzingelt von soviel Ungesagtem?

Was geht durchs Schweigen hindurch? Wer geht hindurch? Es ist dein Böses, das dich durchfährt, außerhalb deiner, ein Allenthalben deines verneinenden Rätsels.

Sollst du daran denken, was du sein wirst? Deine Zerknirschung hat keine Zukunft. Und keine Zukunft gehört dir. In der Zeit hast du keinen Ort mehr, in der Zeit lauert das Grauen.

Und dann gehst du fort. Beim Fortgehen schaust du dich um. Im Gehen bist du ein Anderer und *seiend* – bist du nicht mehr.

10

Zwei Eigenschaften hat der Mensch. Einsamkeit und Hochmut. Er lebt auf der Erde, um sie ans Licht zu zerren. – Aber die Religion zieht herauf: ein System von Heilmitteln, die das Dasein unterhöhlen. Warum der Einzelne sie wohl ausgebrütet hat? Welches Bedürfnis hat soviel Gift organisiert?

Ich erblicke die Sonne und frage mich: warum *trotzdem* Religion? Ich kehre zur Erde zurück und – indem ich mich mit ihren Schicksalsschlägen zusammenrotte – verstehe nicht, warum ich sie fliehen sollte.

Sooft ich mich zum Himmel davongestohlen habe, lockte mich die sublunarische Bitternis, und ich stieg zu ihr hinab, mit dürstendem Begehren.

Wenn sie von Idealen überschwitzt sein wird, werde ich den Stolz auf meine Trübsal nicht mehr entfalten können und sie verlassen. Aber solange sie der Raum begnadeter Qualen bleibt, was sollte ich anderwärts suchen?

Die Religion versucht uns von den Übeln – die dem Leben Wert verleihen – zu heilen. Die Einsamkeit und der Hochmut sind *positive* Übel. Abwesenheiten – vermittels deren du *mehr* wirst.

In den wohlduftenden Unsicherheiten der Erde war ich nur in den Entrückungen ohne Glauben *sicher.* Mein Herz schüttete sich über das Weltganze aus – und es erharrte keine Antwort. Schauder des Gebets, von seiner eigenen Inbrunst gesättigt.

Die Hände haben sich allzu sehr einem abwesenden Himmel entgegen vereinigt; wann kehren sie zurück zum süßen und bitteren Unendlich der Zeit? Die nach innen schauende Entrückung des Lehms, die vom Narzißmus angekränkelte Erde …

Der Mensch hat keinen kostbareren Irrtum und keinen wesenhafteren Wahn erfunden als das *Ich.* Du atmest – und dünkst dich *einzig;* dir pocht das Herz, denn du bist *du.* Wie konntest du im Pantheismus aufrecht stehen? Oder wie konntest du *sein,* mit einem Gott über dir? – In keiner Form von Religion kannst du gedeihen in der Schöpfung.

Ich wollte mich erlösen. Und alle Glaubenslehren der Sterblichen haben mir Selbstentsagung abverlangt. Von den Veden bis zu Buddha und Christus habe ich nur Widersacher meiner *Notwendigkeit* entdeckt. Sie haben mir das Heil in meiner *Abwesenheit* angeboten; alle haben sie von mir gefordert, daß ich mich meiner entschlage. *Sie* sollte ich sein, oder ihr Gott, *namenlos* sollte ich sein im Nichts – während der Stolz auch im Nichts meinen *Namen* heischte.

Und damit nicht genug. Sie forderten noch, daß ich meinen Schmerz bezwinge. Aber ohne ihn gibt es keinen Geschmack in der Natur: Salz des Lebens; sein *Unerträgliches* – das Blut des Daseins.

Lieben sollte ich, Mitleid empfinden, ausharren, mich vollenden. Eine Stufenfolge des Eintönigen, da du kein Vieh unter dem Himmel sein wolltest und auch kein Almosenempfänger am unfruchtbaren Horizont eines beliebigen Absoluten.

Soll ich mein Leiden in anderen verlieren? Immer wieder Mitmenschen aufspüren, und wieder Mitmenschen! Soll ich selig werden, indem ich ihrem Stumpfsinn huldige, ihre Niederträchtigkeit hege und pflege – und meinen Aufschwung zur Verachtung abtöte?

Das Ich ist ein Kunstwerk, das sich von dem Leiden ernährt, auf dessen Linderung die Religion zielt. Aber der Adel des Menschen ist ein einziger: Ästhet der eigenen Individuation zu sein. Durch Qual soll er die Schönheit seiner Begrenztheit festigen und durch Feuerbrand ihre Substanz gründen.

Der Mensch ist *Kunst*, denn er ist stolz und einsam. Er benutzt die Erde als einen Vorwand, der – zur Bewältigung seines Daseins – gültiger ist denn der Himmel.

Die Religionen haben keinerlei Sinn für den Reiz des immanenten Nichts, für den Schein als solchen. Ihnen ist das Untergehen an sich und der Zauber des Sinnlosen fremd. Der Erde sind sie abhold. Deshalb wollen sie uns vom *Ich* erlösen, von dieser seltsamsten Blüte unter der Sonne.

Das Einzeldasein übt eine dermaßen niederschmetternde Anziehungskraft aus, weil es einem Zusammenbruch des Gleichgewichts entsprungen ist, einer Ungleichheit des Lebensurgrunds. Die Religionen wollen die Mannigfalt einebnen; die Einzelwerdung ausmerzen. Der Sinn der Erlösung ist das Verschwinden des Fürworts.

Ich dulde kein anderes Absolutum außer meinem *Akzidens*. Daß ich zufällig *da bin*, dünkt mich der Wahn meines Seins, mein allerhöchster Sinn zu sein. Nichts gedenke ich an diesem Zufall zu berichtigen.

Jeder von uns ist ein geborener Rekonvaleszent der eigenen Individuation. Sofern du von ihr nicht geheilt wirst und *in dir* selbst ohne Heilung verharrst, bist du *Mensch*.

Aufgehen in der Natur, in der Menschheit, in Gott? Aber vor jedem Wollen bist du in dir ertrunken.

Mir träumte, daß ich in Allem gestorben bin, ich suchte in den Gestirnen nach meinen Gebeinen – und fand mich wieder am Fuße des Ichs, mein Selbstsein beweinend.

Im Unterschied zum Traum drückt der Schatten einen undeutlichen Überschuß an Dasein aus. Nachdem du Welten ersonnen und in Welträumen verloren hast – erwachst du mit der Sehnsucht nach etwas, was sein könnte – dem Ich – einem Seinsschatten in allgemeinem Seinsmangel.

Die Religionen haben mir den Pfad der Seligkeit gewiesen – um den Preis *meiner selbst*. Doch der Wahn, *hier* zu sein, ist kräftigender als die Versöhnung, nirgendwo zu sein, über die Himmel verstreut.

... Und dann kehrte ich zur Erde zurück und entsagte der Erlösung.

11

»Die Wahrheit träumt nie«, verkündete ein östlicher Philosoph. – Deshalb geht sie uns nichts an. Was würden wir mit ihrer minderen Wirklichkeit beginnen? Sie west nur in den Geistern von Schulmännern, im Aberglauben der Bildungsanstalten, in der Vulgarität aller Lehrlingschaft.

Aber in dem von seiner Unendlichkeit beflügelten Denken ist der Traum wirklicher denn alle Wahrheiten.

Die Welt *ist* nicht; sie erschafft sich *jedesmal*, ein Schauer des Anfangs schürt die Glut unserer Seele. Das Ich ist ein Vorgebirge im Nichts, das von einem Schauspiel des Wirklichen träumt.

Der Mut setzt dich zwischen Seiendes und Nichtseiendes – Flieger zwischen Welten, die sind und nicht sind. Solange ich nicht feige bin, ist alles seiend, aber in der Ritterrüstung des Geistes zerstampfe ich die Furchen des Seins und zertrete die Samenkörner des Zaubertrugs.

Die sichtbaren Dinge haben wir uns selbst eingehaucht. Ist das Dasein nicht eine Bequemlichkeit des Atmens?

Da *Sein* seinem Gegensatz vorzuziehen ist, haben wir uns damit vertraut gemacht und fühlen uns darin wohler. Welche Begierde sollte uns beschleichen, zu wissen, daß wir es uns nur vorgaukeln, daß wir es in Fortsetzung unserer Halbwachheit durchleben?

Woher streut sich das Licht des Raumes aus wie anmutige Verderbnis? Aus der Sonne? – Aus den vom blauen Hintergrund der Blutbrände hervorbrechenden Rückstrahlungen. Daraus säen sich auch die versteinerten Funken in den Nächten aus.

Das Weltall ist dynamischer Vorwand des Pulsschlags, Autosuggestion des Herzens.

12

Das Lächeln ist mit dem Gesetz der Kausalität nicht zu vereinbaren: soviel Sogkraft des Sinnlosen entströmt ihm. Kraft seines »theoretischen« Werts ist es ein Sinnbild der Welt.

Der Unterschied zwischen Ursache und Wirkung, der Gedanke, daß ein Ding der Ursprung eines andern sein oder eine wirksame Verbindung zu einem andern haben könnte, befriedigt einen mittelmäßigen Geschmack fürs Intelligible. Wenn du indessen weißt, daß die Gegenstände nicht *sind*, sondern in einem Luftall *schweben*, enthüllen die Verbindungen zwischen ihnen nichts, weder über ihre Stellung noch über ihr Wesen. Die Welt ist nicht einmal geboren, geschweige denn gestorben, weder an einem Punkt stehengeblieben, noch wird sie unter der Mitwirkung der Zeit eine andere – vielmehr schwelgt sie sinnlos in einem unbestimmten Allzeit. Flüchtiger Sieger ewigen Vergehens, erliegt nur das Ich hin und wieder mit Nutzen der Täuschung.

Durch Schatten trägt es die Bürde seines vereinzelten Daseins hindurch und besudelt das es umfangende weiße Nichts mit Wirklichkeit. In die scheinbar lebenden Gestalten pumpt seine Traumkraft den Saft und knetet sie zu Lebewesen zusammen. Denn das Leben ist ein blitzhaftes Erschauen des nach Sein gierenden Geistes, rettungslos Gefangenen des reglos Unwirklichen.

Die Gedanken haben sich vorübergehend ins Dasein verliebt – und wir sind stolz darauf, zu sein. Und unsere Schritte, ohne träumerische Scheu, schänden die Schatten und schreiten vertrauensvoll und selbstherrlich darüber hinweg. Ein Augenblick des Erwachens, mehr nicht – und die Fangnetze des vulgär Wirklichen haben sich aufgelöst, auf daß wir sehen, was wir sind: Einbildungen des eigenen Denkens.

13

Schmeichelt mein Stolz sich selbst, wenn ich Caligula zu verstehen glaube?

In der Absicht, ihn zu verunglimpfen und seinen Wahnsinn zu entlarven, gleitet Sueton in eine unwillkürliche Huldigung: »Besonders litt er (Caligula) unter Schlaflosigkeit: er konnte nämlich nicht länger als drei Stunden schlafen und genoß auch während dieser keinen ruhigen Schlaf, sondern wurde durch merkwürdige Traumgesichte beunruhigt. So soll er unter anderem auch einmal geträumt haben, der Geist des Meeres spreche mit ihm.«

Derselbe Geschichtsschreiber berichtet uns, daß er

weder seiner Gemahlin noch einer Geliebten den Hals küßte, ohne sie daran zu erinnern, daß es in seiner Macht stünde, ihnen den Kopf abzuschlagen.

Verbergen wir nicht alle im Schlamm unserer Seele Wünsche, die als Geständnisse nur im Munde von unheimlichen Kaisern möglich sind? Dein Roß zum Konsul befördern – liegt darin nicht ein gültiges Urteil über die Menschen? Und letztlich wäre es in einem so großen Reich geschmacklos gewesen, noch an die Mitmenschen zu glauben.

Die römischen Kaiser der Verfallszeit, vom Ingenium der Langeweile angeregte Ungeheuer, hatten soviel Stil in ihrem Wahnsinn, daß dagegen die Ästheten der Welt sich wie Jahrmarkts-Possenreißer und die Dichter wie Schatten-Improvisateure ausnehmen.

Hätte ich im Rom der christlichen Unterwanderung gelebt, ich hätte die Standbilder der mit dem Tod ringenden Götter bewacht oder den Nihilismus der Cäsaren mit meinem Leben verteidigt. Der Zauber des Verfalls ist Einflüsterung des Wogens historischer Müdigkeiten und das Bedürfnis, das Vakuum des Glanzes durch Widersinniges zu ersetzen und durch Wahnsinn den Untergang der Größe. Wie sehr dich die Luftmeere auch locken mögen, die Ahnen der Umnachtung baden in Blut.

Grausamkeit ist den Zeitgenossen Unmoral; als *Vergangenes* verwandelt sie sich in ein Schauspiel wie der in ein Sonett gesperrte Schmerz. Der Aussatz selbst wird zum ästhetischen Motiv, sobald die Geschichte ihn in ihren Seiten aufzeichnet.

Nur der Augenblick ist göttlich, unendlich, unheilbar. Der Augenblick, den du lebst.

Wie sollte ich mit Caligulas Opfern Mitleid empfinden? Die Geschichte ist Unterricht in Unmenschlichkeit. Kein Blutstropfen aus der Vergangenheit trübt dieses Jetzt, in dem ich bin. Mehr rührt mich der Geist jenes Meeres an, der die Träume des unglücklichen Kaisers schreckte.

Die ungerechte Geschichte gibt den Verfolgern der Christen den Vorrang vor den Märtyrern. In jedem Gedächtnis ist Nero lebendig und verführerisch; wir gedenken seiner mit mehr Ergriffenheit. Und dafür, daß ihn zwei Jahrtausende verleumdet haben, ist er weniger banal als Jesus. – Mit einer einzigen Frage ist Pilatus in die Welt der Philosophen eingegangen, die sich nicht schämt, ihn zu zitieren, während der Evangelist Johannes, dem jedweder Zweifel fremd war, die Verehrung nicht überleben konnte. Die Christen haben ihm durch Liebe den Garaus gemacht. Judas ist zum Sinnbild geworden; Verrat und Selbstmord haben ihm eine ewige Aktualität verliehen, während Petrus ein Fels der Kirche geblieben ist.

Heute wissen wir alle, daß Annas und Kaiphas *recht hatten*; sie konnten nicht anders urteilen. Als ich während des Passionsspiels von Oberammergau das antike Drama mit christlichen und heidnischen Augen betrachtete, war ich in der Objektivität der Enttäuschung ebensowohl auf der Seite des Heilands wie auf der seiner Henker. Annas und Kaiphas hatten Charakter, sie waren *sie selbst*; hätten sie Jesus verstanden, sie hätten sich selbst aufgehoben. Mit ihren so vernünftigen Fragen hätten nur *Verrückte* die ebenso erhabenen wie ungenauen Antworten des Lammes zugelassen.

Wie jeder Christ von heute oder morgen kann ich nicht für Jesus sterben. Noch weniger, wenn er mich zum Wahnsinn treibt. Sein Opfer hat alle und keine Früchte getragen. Wir sind alle neutral geworden. Das Christentum neigt sich zum Ende, und Jesus steigt herab vom Kreuz. Die Erde wird sich erneut vor dem Menschen ausbreiten, und ehe dieser andere Irrtümer entdeckt, wird er glaubensleer ihre Düfte einsaugen ohne die Strafe des Himmels.

Schwer vorauszusehen ist der Tag, an dem die Kirchen einfach Denkmäler werden und die Kreuze, geläutert vom Sinnbild jüdischen Bluts, der ästhetischen Neugier zulächeln. Bis dahin sind wir noch gezwungen, in der Besinnung der Seele den Windhauch des erstickenden Glaubens zu ertragen.

Sooft sich das Christentum auf meine Zweifel senkt, tritt eine schmerzhafte Ungunst an die Stelle des skeptischen Prunkes und der parfümierten Aufwühlung. In ihm kann ich nicht atmen. Es riecht nach Moder. Ich halte mir die Nase zu. Seine Mythologie ist abgebraucht, seine Sinnbilder sind leer, seine Verheißungen nichtig. Grauenvolles Umherirren seit zweitausend Jahren! Im alten Mobiliar der Seele löst es noch einen matten Widerhall aus, in Gelassen mit verschlossenen Fenstern, mit totendüsterer Luft, in der Verstaubtheit des Lebens. Mir war es von keiner-

33

lei Nutzen: in keinem Augenblick der Verstörung, in keiner Sackgasse der Ruhelosigkeit. Aufs Geratewohl erbat ich seinen Beistand, wußte ich doch von vornherein, welche Ohnmacht eine allzu vergangene Vergangenheit birgt.

Dieses Christentum – so ergreifend in manch flüchtiger Milde – umspannt keine Kultur des Stolzes, keine Raserei der Leidenschaft und keinen Schatten eines Ichzuwachses. Riefest du in den rauhen Einsamkeiten, zu denen der Gedankenflug dich zwingt, seine Vorschriften zu Hilfe, du würdest im Namenlosen zusammenbrechen, in die Andern abstürzen. In ihm gibt es so viele Keime des Zerfalls, so wenig frische Luft – *eine Religion ohne Berge*, mit Anhöhen ohne Gipfel, mit Meeren für Verhungernde!

Wenn es mir nahekommt, brauche ich Vorräte an Musik, um den giftigen Ausdünstungen seiner Nähe Einhalt zu tun. Mit ihm kann ich keinen Hausstand gründen. Es sei denn, ich verwandle diesen in eine Apotheke.

Ich habe in Büchern, in Landschaften, in Melodien und in Leidenschaften Heilmittel gegen die Seelennot gesucht, denn die vom Christentum gereichten sind honigsüße Gifte, mit denen die Menschen sterben, ohne zu ahnen, daß das Übel der Seele das Christentum selbst ist.

Welchen Propheten des Alten Bundes du auch liest, das Blut wird mit einemmal rühriger in den Adern, der Pulsschlag macht sich bemerkbar, die Muskeln treiben dich zur Tat, zu Entscheidungen, zu Schmähungen. Dort ist der Mensch anwesend. Im Neuen dagegen erlahmst du unter einem vernichtenden Liebreiz, unter Einschmeichelungen eines herrgöttlichen einschläfernden Salbungsöls. Die Evangelisten sind Meister der Abtötung des Willens, der Begierden, des Ichs. Mit dem heiligen Johannes träume ich von Pfühlen, auf denen ich die Schwächen des Geschöpfs beweinen kann, oder Liebkosungen mit Zöllnern, Paradiesen und verworfenen Frauen. Die Menschheit hat keinen dauerhafteren, unversieglicheren und zweideutigeren Quell der Hysterie gekannt. Jahrhundert um Jahrhundert in christlicher Ohnmacht – hat sich der Mensch über seine eigene Ohnmacht getröstet. Aber heute? Was könnte mehr langweilen? Ein entnervendes Schauspiel, ohne Überraschung, ohne Aufregung; nichts vibriert im Christentum im Durst nach Lebendigem, nach unmittelbarem und stärkendem Absolutem. An seinen Quellen bleiben die Lippen trocken und, so viele Andachtsbilder wir auch küssen mögen – die Augen, die Frommheit, die Hoffnungen brennen beharrlicher andern Horizonten entgegen. Die Luftspiegelungen des Jordans haben ihre Nuancen erschöpft, und in dessen ganzer Weite entfaltet sich kein Himmelsraum mehr. Die Wohlgerüche der Kreuzigung haben sich in einem Himmel zerstreut, dessen Quellen keinen Durst und keinen Sterblichen mehr tränken. Wen entrückt noch die Welt Jesu? Die morgenländischen Heilmittel balsamieren den Menschen seit zweitausend Jahren ein. Der Katholizismus – lateinischer Judaismus – hat einen durch-

35

dringenden Ruß auf den Überschwang des Mittel-
meeres gestreut. Wie konnte er denn an dessen göttlich besonnten Gestaden »blühen«? Das Christentum ist eine Reaktion wider die Sonne und in seiner
katholischen Gestalt ein paragraphenhafter Angriff
gegen sie. Besteht der zwielichtige Zweck jedweder
Religion nicht darin, den Menschen vor den Lebens-
quellen zu bewahren? Jesus ist gemächlich an die
Stelle des arglosen Gestirns getreten – und Jahrhunderte lang hat sich in dem Gesichtskreis des nach
Unendlichem und Wärme begierigen Blicks der ent-
fleischte Leib des geschicktesten aller Seher niederge-
lassen. Durch die Tränen erblickte der Mensch keine
sinnlichen und seligen Nymphen mehr, sondern das
aufgehängte Geripe, das die süße Vergeblichkeit be-
geiferte. Katechismen und Testamente haben dem
Sein die Zeit verschnitten. Daß ihre Lesung keinen
Ekel vor dem morschen Unendlichen des Christen-
tums erregt hat – wie vergrämt die Sonne wäre, wenn
sie's erführe! Würde sie denn einen einzigen Christen
unter ihrem Strahl dulden?
Spaniens Seele hat sich durch den Katholizismus aus
eigenem Antrieb verriegelt. Hatte es gefürchtet, der
Sonne von Angesicht zu Angesicht gegenüberzuste-
hen? Hatte es gefürchtet, in die Sonne auszubrechen?
Italien hat Kirchen erbaut aus Angst, oberflächlich zu
werden vor *allzu viel Licht.* Sollte ihm das Christentum ein Grab sein, das es gegen den Himmel feit –
gegen den irdischen Himmel, den von Gott glückli-
cherweise unbesetzten? – Denn es gibt einen Himmel

der Erde, einen Azur, der nicht tötet, aber den allzu lieb zu gewinnen der Mensch Gefahr läuft. Vor diesem hat das christliche Unheil die Südländer bewahrt. Und statt dessen hat es sie mit nichtigen und gefährlichen Vorstellungen genarrt, indem es die durch ewige Frühlinge entflammte Einbildungskraft mit Albernheiten unsichtbarer Paradiese nährte.

Ohne Christentum wären die südlichen Völker zur Glückseligkeit verurteilt. Warum ertrugen sie nicht das Urteil? Zweitausend Jahre lang haben ihnen die *Augen* nichts genützt. Sie lebten vom Unsichtbaren – inmitten der Herrlichkeit. Christus reichte ihnen, was niemand sieht. Keine einzige Blume, nichts als Dornen; kein Lächeln, nur Reue. Die Scheinbarkeiten der Welt verwandelten sich in Essenzen der Qual, und das Versehen – Duft der Nichtigkeit – in Sünde. Die Reize entarteten zu Gewissensbissen. Alles wurde *moralisch*. Kein Platz für den Zauber der sinnlosen Seinswerdung ... So wird verständlich, warum das Holz des Kreuzes ob unserer Gleichgültigkeit verfaulte und die berühmten Nägel ihretwegen verrosteten.

14

An den Früchten des Todes habe ich mich öfter gütlich getan als an denen des Lebens. Ich streckte keine raffgierigen Hände, um sie zu pflücken, und auch der Hunger preßte ihren Saft mit kraftstrotzender Ungeduld nicht aus. Sie wuchsen in mir, in den Gärten des Blutes ergötzten sich ihre Blüten. Ich träumte vom Vergessen an den Ufern der Seelenwasser, ersann ruhevolle Meere des Nichtseins und des Friedens – und erwachte in vom Schweiß des Schreckens geschwellten Wogen.

Aus Substanzen des leichenhaften Gedeihens werde ich gezeugt werden. Will ich aufknospen, entdecke ich in meinem Lenz den Tod. Ich trete hinaus in die Sonne, erpicht aufs Unendliche und auf Hoffnungen – und hernieder steigt Er auf der Strahlen Süße.

Im Dunkeln kreist er wie Musik um mich her, und ich sterbe am Erhabenen des Todes in der Nacht.

Ich bin nirgends; durch ihn bin ich allüberall. Von mir ernährt er sich, und ich ernähre mich von ihm. Niemals wollte ich leben, ohne sterben zu wollen. Wo bin ich verkrampfter: im Leben oder im Tod?

15

Der Wunsch, zu verschwinden, weil die Dinge verschwinden, vergiftete mir den Seinsdurst so unerbittlich, daß mein Atem inmitten des Aufblitzens der Zeit erstickte, und die Dämmerung der Schöpfung hüllte mich in eine Unzahl von Schatten ein. Und als ich die Zeit in allem erblickte, hoffte ich alles vor der Zeit zu retten.

Das Bedürfnis, die Lebewesen durch Verehrung zu verewigen, die Eilfertigkeit, sie durch ein Übermaß an Herz aus ihrem natürlichen Zugrundegehen herauszuheben, dünkte mich die einzig wertvolle Erschöpfung zu sein. Ich kann mich nicht entsinnen, etwas geliebt, ohne es gehaßt zu haben, wegen meiner Unfähigkeit, es durch das Feuergetümmel der Seele von seinem Vernichtungsgesetz zu entbinden. Ich wollte, daß alles *sei*. Und alles war nur in meinem zeitweiligen Schüttelfrost. Die Welt entglitt mir, denn die Welt war nicht. Die ungeweinten Tränen gerannen nicht im Unsichtbaren für das Elend hienieden; sie starben in mir, betrübt über die Unwirksamkeit der Verzükkung. Warum ketten sich in der Zeit nicht »Münder des Paradieses« aneinander? Oder hat sich etwa nicht hinreichend Ewigkeit in mir heimisch gemacht?

Der Welt gegenüber mußt du freigebig sein. Dich verausgaben, indem du ihr Sein verschwendest. Sie ist nirgends. Durch unsere Freigebigkeit atmet sie. Selbst die Blumen wären ohne unser Lächeln keine Blumen. Das Geizen mit unseren Gaben beschränkt die Natur auf die Idee, und mit gedämpften Sinnen schlagen die Bäume nicht mehr aus. Die Seele hält die Erscheinungen aufrecht, auf welche die Unwirklichkeit eifersüchtig ist. Denn die Welt ist der Gestaltwandel unserer Einsamkeit – nach außen hin.

Anbetung hat Gott vergottet. Sie macht auch die Landschaften zu Schatten des Absoluten. Ströme von Empfindungen bleichen den Himmel im Angesicht der Erde; die Zauberreize der Schöpfung nähren sich von den Gesängen der Seele, und den Einklängen der Gestirne lauschst du in Schluchten.

Ich habe im Leben mehreren Herren gedient und mir aus jedem Augenblick ein geschnitztes Bild gemacht. Wenn die erloschenen Dinge wüßten, wie sehr ich sie geliebt habe, würde ihnen eine Seele erwachsen nur, um mich zu beweinen. Nichts Welthaftes habe ich durch Teilnahmslosigkeit verleumdet. Und so bin ich fröstelnd und mühselig auf dem Nichts der Welt ausgeglitten.

In den Gedanken, die der Erde ermangelten, drang der Ruf des Lehms durch und sein Gesang. Ich war, wie der Apostel, mit Jesus in Gott begraben – und das Blinzeln der beliebigsten Vorübergehenden bürgerte mich sofort ein in der Zeit. Am Rande der Entledigung pflückte ich Blumen, und in Ablösungen deutete das Herz unsichtbare Zeichen des Umarmens an. – Herr waren mir der Vater und vielleicht auch der Sohn, der Teufel und die Zeit, die Ewigkeit und die anderen Verluste. Ich habe mich verneigt vor den Gesichtern der Welt, im Lauschen entflammt, des Vergeblichen Knecht, der Götzen Untertan. Denn das Werden ist Reihung von Tempeln, in denen ich flüchtig niederkniete, meine Spur hinterließ ich in ihren Trümmerstätten und blieb zurück mit dieser Seele – Trümmer des Überdrusses.

Warum ist das Herz außerstande, die Welt zu erlösen? Warum verrückt es die Dinge nicht in eine duftdurchwehte Unerschütterlichkeit?

Mir kommen die Worte jenes Freundes in den Sinn, am Fuße ich weiß nicht welcher Karpaten: »Du bist unglücklich, weil das Leben nicht ewig ist.«

16

Auf einmal lodert das Weltall auf in deinen Augen. Ihr Funkeln wirft Sterne im Morgengrauen. Die Glut der Seele hat den Himmel herabgesenkt.

Durch welches Wunder erhitzt sich das Ich in der Kühle des Raumes? Und wie lehnt sich soviel Seele an eine Zeit wie jede andere?

Deine Begrenzung hast du zum Allsein erhoben, und die Zeichen des Allseins zieren dich mit ihrer Schwere. Kein Ende hast du mehr in einer Welt, die kein Halt ist.

Allein bist du gewesen, allein wirst du bleiben. In Ewigkeit. Durch deine Sinne, aus denen das Unbegreifliche hervorbricht, strömt der Frohsinn der Materie nicht, noch breiten sich darin die süßen Gestade der Gesundheit. Die Liebe ward dir schwarz geschrieben auf des Schicksals Tafeln: mit keiner Sterblichen sollst du das Unendliche vergessen.

Ergötze dich am Widrigen und an der Zerrüttung; sei unerbittlich in der zersetzten Zeit. Mit keinem Schlüssel wirst du irgendeine Himmelspforte aufstoßen. Die Unseligkeit ist die Vestalin, die dein ungelöschtes Feuer des Unglücks hütet. Begrabe dich lebend darin, schaufle dir ein Grab in seiner gründlichen Flamme; denn kein Blendwerk unter dem Himmel wird dich parallel setzen zum Schicksal. Die Liebe stößt dich tiefer noch darein, die Liebe – höchster Unstern der Schickung.

Auf deinem eigenen Scheitel zu sein, fällt nicht leicht. Auf dem der Welt, noch weniger. Wäre ich doch ein Hafen der Seefahrten des Ich! Aber ich bin mehr als die Welt, und die Welt ist nichts!

Ich habe im Buch des Menschen gelesen. Seine Seiten habe ich durchstreift, seine Ideen durchblättert. Ich weiß, bis wohin die Völkerschaften vorgestoßen und wie weit sie in des Geistes Versuchung vorgeschritten sind. Einige haben gelitten, weil sie mancherlei Formeln ausklügelten, andere, weil manche Irrtümer sich einschlichen oder weil sie die Langeweile durch den Glauben aushöhlten. Alle haben sie ihre Bodenschätze verausgabt, weil sie den Schemen der Leere fürchteten. Und als sie an nichts mehr glaubten und die Lebenskraft das Flackern der fruchtbaren Vorspiegelungen nicht mehr aufrechtzuerhalten vermochte – haben sie sich dem Drang nach Untergang ergeben, der Mattigkeit des zermürbten Geistes.

Was ich von ihnen lernte, die aufzehrende Neugier, die mich durch des Werdens Windungen trug – ist ein totes Wasser, das die Kadaver des Gedankens spiegelt. Dem Wutschnauben des Unwissens verdanke ich alles, was ich weiß. Wenn alles Gelernte verschwindet, dann beginne ich, leer angesichts der leeren Welt, alles zu verstehen.

Ich war ein Gefährte der Skeptiker Athens, der Hirnlosen Roms, der Heiligen Spaniens, der nordischen Denker und des glühenden Rauhreifs britischer Dichter – Wüstling der sinnlosen Leidenschaften, lasterhafter und verlassener Anbeter aller Eingebungen. … Und an ihrem Ende bin ich mir wieder begegnet. Ohne *sie* habe ich den Weg erneut beschritten; Erkunder der eigenen Unwissenheit. Wer den Umweg um die Geschichte wagt, stürzt gnadenlos ab in sich selbst. Am Rande seiner Gedankenmühsal verharrt der Mensch einsamer als am Anfang, dem Virtuellen unschuldig zulächelnd.

Nicht die Leistungen des Geschöpfs in der Zeit werden dich auf die Fährte deiner Vollendung setzen. Ringe tapfer mit dem Augenblick, sei mit deiner Ermüdung unbarmherzig, nicht die Menschen werden dir die Geheimnisse enthüllen, die in deinem Unwissen schlummern. In ihm verbirgt sich die Welt. Es genügt, lauschend zu schweigen, damit du darin alles hörst. Es gibt weder Wahrheit noch Irrtum, weder Gegenstand noch Vorstellung. Schmiege dein Ohr an die Welt, die irgendwo in dir glimmt und sich nicht zeigen muß, um zu sein. In dir ist alles und reichlich Raum für Kontinente des Denkens.

Nichts geht uns voraus, nichts ist gleichzeitig, nichts folgt nach uns. Das Abgesondertsein des Geschöpflichen ist das Abgesondertsein des Alls. Das Sein ist ein absolutes Niemals.

Wer könnte dermaßen frei sein von Stolz, daß er etwas außerhalb seiner selbst zuließe? Daß vor dir Gesänge erklangen, oder daß nach dir die Nächte in Poesie fortbestehen; mit welcher Kraft würdest du dies alles ertragen?

Wenn ich durch ein Wunder an Gegenwart in der Überwindung der Zeit kein Zeitgenosse der Schöpfung und Entschöpfung der Welt bin, dann ist alles, was ich je war und bin, nicht einmal der Schauder eines zarten Staunens!

Gestern, heute, morgen. Kategorien von Knechten.
Ich habe die Pfade der Menschen durchstreift und bin
nur solchen begegnet. Dienern und Dienstmägden.
Betrachtet die Worte, mit denen sie den Verkramp-
fungen der häufigen Ohnmacht vorgreifen – und be-
greifet!
Die Liebe wächst in der Inbrunst der Banalität und
schrumpft in der Erweckung der Intelligenz. Der ekstatische Blödsinn wiederholt sich mühelos, denn in
einem blanken Hirn greift kein Hemmnis ein. »Seid
fruchtbar und mehret euch« – Gebot in einer Welt
von Dienern, die offen sind für die waagerechte Leidenschaft und unfähig zur Wollust ohne Wälzen.
Undurchlässig für Musik – erreicht der Mensch die
Verzückung bäuchlings, ergötzt sich mit einem
flüchtigen Gewimmer und heißt Seligkeit die zwielichtige Essenz des Absoluten aus dem Rückgrat.
... Und so kreist du im unendlich sterblichen Ge-
wimmel, mit dem Gestern, Heute, Morgen – und
versuchst, Brücken zu schlagen zur sofortigen Vergeblichkeit der leichtfertigen Erhitzung. Die Dienst-
mägde stehen bereit. Du springst auch in den Reigen,
Hand in Hand mit der Niedertracht aller, beugst dich
dem leichten Los, vergißt deinen Ekel und dich selbst.

Pariser, südländische und balkanische Langeweile ...
Die auf den Häusern verschimmelte Zeit, Fassaden,
auf welche die Geschichte Ruß streute ... Venedig ist

kräftigend im Unterschied zum zauberischen Mangel an Hoffnung der auflösenden Straßen von Paris. Ich wandle auf ihnen, und aller Verdruß, der mit dem Zaudern des Glücks zusammenhängt, mutet mich an wie zartes Schaukeln, wie Ruhmestitel, die mich in die müde Stadt einreihen. Woran soll ich hier glauben? An die Menschen? Aber sie *sind gewesen.* An Ideale? Nach so vielen ist es stillos. So ruhe ich in den Müdigkeiten Frankreichs und rücke auf in den Rang der Langeweile seines Herzens.

Der Rauhreif läßt seine Gedankenschatten über Paris herabrinnen und wird eher Ausdruck der Geschichte als der Natur. Die Stadt schwebt im Jahrhundert des Nebels. Warum vermag ich mir diesen nicht unter den Ludwigen vorzustellen? Er scheint einen Augenblick, nicht eine Wesenheit umzusetzen. Die Natur nimmt Anteil an einer historischen Dämmerung.

Ich wende mich zu den Häusern und betrachte sie. Und jedes einzelne wendet sich mir zu. »Tritt näher, du bist nicht einsamer als wir«, raunt das Flüstern meiner Gefährten an leeren Tagen und in langgezogenen Nächten. Du kannst entzückt sein von den Städten Italiens, nirgends wirst du jedoch den Dingen näher sein, die sich den Menschen einfügen.

Wenn du dich zu später Stunde, geläutert von nächtlichem Schluchzen, ohne Erwartungen und ohne Enttäuschungen im Umkreis der Kirchen Saint-Séverin, Saint-Étienne-du-Mont oder stundenlang auf dem Platz Saint-Sulpice drehst und einem Morgen entgegenblickst, den du nicht begehrst – strebt die menschenlose Burg mit dir zu den ausgedehnten Sinnlosigkeiten des Schweigens empor. Wirst du je wissen, wie tief der Efeu, versprengt an dem Ort, wo die Seine Notre-Dame spiegelt, sich in dir gespiegelt hat? Oftmals bin ich mit ihm ins virtuelle Ertrinken seiner schwermütigen Neigungen hinabgestiegen.

Und am hellichten Tage, unter dem Erdbeben der Einflüsterung von Abwesenheit, labte sich die Leere deines Lebenssinns an den Düften. Das ist Ihr Reiz, Tröstungen der Schönheit über die unheilbare Drangsal der Seele zu gießen, die Abgründe, die das Leben in der Zeit gebiert, mit unfühlbarem Zauber zu füllen. *Die Stadt versteht dich.* Sie legt sich auf deine Wunden. Du glaubst, verloren zu sein: in ihr findest du dich wieder. Du brauchst niemanden; sie ist zugegen. Nur Sie kann dir eine Geliebte ersparen – wie diese steigt sie ins Herz hinauf – und, einer seltsamen Verirrung folgend, lieben die Menschen hier mehr. So lange verweilte ich in ihr, daß ich von mir selbst scheide, wenn ich sie verlasse.

In ihren engen Straßen überschüttete ich mich mit Düsternis, und niemals sah ich einen ferneren Himmel als vom Grunde dieser Gassen. Aber auf den Boulevards spannt er sich unversehens über die Stadt und dehnt in seiner Verschwommenheit die Langeweile, die auf nachdenklichen Häusern träumt.

Sollte ich alle Himmelbläue, die über Mittelmeeren wächst, und verschwenderische Nebelschwaden auf bretonischen Fluren wiedererleben, sie würden zusammen nicht über die Erinnerung an den Himmel hinausgehen. Und will ich seinen Reiz deuten, so stürze ich in mich hinein und deute ihn mir: *Unvermögen, blau zu sein.* – Die Wolken zerfasern sich langsam; du betrachtest Azurstreifen, die einander nie begegnen. Sie können keinen Himmel zusammenfügen, der sich sucht und nicht erfüllt. Verstreut schleichen sich die Strahlen durch schwankende Dämpfe und rasten in einem verschleierten Raum. Aschig und weiß verhüllt die Weite ewig etwas: *der Himmel* ist jenseits. Paris hat keinen »Himmel«. – Und stets seiner harrend, mischst du dich in die lichten Nebelschwaden, verlierst darin das vom Azur enttäuschte Sehnen, zersprengst dich in den grauen und launischen Abstufungen des scheinbaren Gewölbes, mit dem verschwimmenden Gedanken an ein *Jenseits*, von dem du nicht weißt, ob du's begehrst oder nicht. Der holländische Himmel von Paris ...

Mit ihm habe ich stets übereingestimmt, und konnte ich mit niemandem ein und dasselbe Verständnis teilen, so erwarb ich die Übereinkunft mit ihm. Als ich meinen Blick zu seiner Unbeständigkeit erhob, setzte er meine Unrast in jede Gestalt um. Stündlich wandelt er sich, fügt sich zusammen und entfügt sich – Wankelmut der Höhe, skeptischer Dämon des Erblauens und Umwölkens. Allzu oft verlassen von den Menschen der Burg im Abenddämmer, wie wäre ich dem unmittelbaren Nirgends der Liebe entronnen ohne den Trost seiner nahen Höhe? Es ist ein blühender Herbst, ein morgenrotes Ende. In dir trägst du ihn unter allen anderen Himmeln.

… Und wenn du, der Abenddämmerungen am Mittag überdrüssig, gen Süden hinabsteigst, lechzend nach Lenz, findet die Seligkeit in der Offenbarung des Blau vorzeitig das Gift des Überflusses. Die Verzweiflung der immergleichen Tage, der Mißbrauch des Azurs, die Übersättigung durch das Unbesudelte bemächtigen sich deiner, und dann blickst du zu dem Quell, der dich tröstet mit Haß und Langeweile. Wo dich vor so viel Himmel verstecken, vor so viel Unerbittlichem der Sonne, vor der unheimlichen Wiederholung der Herrlichkeit? Wenn du kein Herz hast für so viel Blau und auch keinen Raum in den Gedanken für die Arglosigkeiten des Lichts, versüßt die Langeweile mit ihrem Gift die Stärke der grausamen Strahlung und reißt Denkschluchten in die eintönige Wüste. Wie könntest du Seligkeiten finden, die sich mit einem solchen Himmel mäßen? Seine Vollkommenheit erschlägt eine aus ungewissen Gestaltungen geborene Seele.

… So kehrst du zurück in den verfaulten Balkan, in dem – aus Nichtigkeit – Lehm wie Menschen qualmen. Stoße deinen mit Parfums und Stickereien des Gedankens berauschten Schädel um, zermalme die Träume im Schatten der Kathedralen, stopfe dich voll mit dem Gestank, in dem sich menschliche Lumpen wälzen, und vergiß die hellsichtigen Gnaden des Geistes.

Jener Himmel hüllt niemanden ein, denn er hat sich mitsamt den Menschen verirrt. Warum wohl an Donausäumen und im Karpatenschatten Lebewesen haltgemacht haben, geboren mit Ringen unter den Augen und Runzeln, vom Nichts gealtert, von angeborener Ohnmacht ausgemergelt? Allesamt schlittern sie zu Schwarzen Meeren, aber diese sind unwirtlich und lassen sie gaffend am Gestade zurück, des Ertrinkens bitter entbehrend. So erfüllt mit Vereinzelung in der Welt, wie könntest du unter so vielen Armseligen zur Ruhe kommen? Dort blüht die Natur auf Leichen; der Frühling lächelt auf Verzweiflungen. Die schwarze Erde steigt dir, ohne die süße Spur eines sieghaften Schrittes, ins Blut. Und dein Blut wird schwarz. Und du schaust zum Himmel. Und der Himmel wird zur Hölle.

Verfluchter Weltwinkel, die Zeit begrinste deine Niedertracht, und deine Unseligkeit hat nie irgendein zartes, nach leichenhaften Reizen heischendes Herz ergriffen! – Aus der Sicht des Balkans ist die Welt eine Vorstadt, in der geschlechtskranke Vetteln und mordende Zigeuner umherschleichen.

Ihre Begierde nach reichlichem Unrat – in dem eine Fröhlichkeit mit Begräbnistrompeten ausmistet – hat nicht einmal irgendeinen geilen Gott ausgeheckt. Welches nach Randbezirken lüsterne Gestirn wäre dort abgestürzt? – Lärmendes Gewürm, das im Reigen des Aussatzes tänzelt!

Niemals wird ein reiner Aufruhr Wurzelgrund finden für himmlisches Erglühen. Die Hoffnungen verrosten, und die Schauder verdorren. Das Unglück entfaltet seine Unermeßlichkeit.

In der Besinnungslosigkeit und im Schüttelfrost der

Trostlosigkeit, an den Grenzscheiden entlang wandelnd, die kein Schöpfungsplan vorsieht, von Gott übersehen und den Teufeln gemieden – errichtet die Trauer des Denkens, die sich anderer Räume erinnert, den Hoffnungen Galgen, und alles, was im Herzen blüht, hängt seinen Traum an einen Strang.

20

Kraft welchen Wunders keimt in einem Leib, der sich aus allen Zufällen der Materie zusammensetzt, das Abschütteln aller unwiderstehlichen Akzidentien der Tage dauerhaft auf? Die blitzartigen Eingebungen werfen dich – jenseits deiner Vorstellungskraft – über das Leben hinaus. Aber daß du *konsequent* sein kannst, daß du im ich weiß nicht wievielten Himmel die Stellung hältst, ist so schwer zu verstehen, daß ich eher einen ewigen Säufer begreife als einen unausgesetzt Erlösenden. Nachdem du dem Buddha oder einem anderen Nutznießer des Erhabenen lauschst, gelüstet es dich, allerorten Kuttelsuppe zu bestellen.
Sollten sich die Propheten nicht selbst bemitleiden? Werden sie denn nicht angerührt von dem leichtsinnigen Gleiten am Abhang ausweglosen Aufstrebens? Das Erhabene ist geschmacklos, dagegen verwirren die Düfte des Unvollkommenen den Verstand, indem sie ihm vom Absturz zuraunen. Die Eintönigkeit der unaufhörlichen Offenbarung macht die Religion zu einem unzuträglichen Geschäft. Kein System zu haben kommt der Erde zugute. Betrete ich sie, so weiß

ich wohl, daß ich mich nirgends verankern werde, denn ihr Unerträgliches überbietet das des Meeres. In ihrer Jagd nach Beständigkeit und Glaubenssätzen sind die Philosophen, die Verkünder und die Wohltäter anderswohin geflüchtet und haben sie verachtet. Sie wußten, daß Erde *Recht auf Zufall* bedeutet, und weil sie sich der Laune entzogen, was hätten sie in ihrem scheuenden Paradies getan?

Auf ihr schleppe ich meine Gebeine, auf ihr will ich bleiben. Wohin sonst sollte ich gehen? Wo würde ich meine Zornausbrüche mit einer prächtigeren und grausameren Unersättlichkeit löschen können? Mit den springlebendigen Dummköpfen um dich her, deren Leere du dich frohgemut erbarmst, erstickst du die Sehnsucht nach den Fernen und, verfeindet mit nichtigen Gattungsgefährtinnen, gießt du Geschäftigkeit ins Wähnen. Ein Aufruhr ohne Unterlaß in unfruchtbaren Erdteilen.

Um ihn von der Vollendung abzulenken, sendet der Dämon dem Buddha liebeskundige Tänzerinnen. Sie entfalten die zweiunddreißig Verführungskünste. Und versagen. Dann die vierundsechzig. Auch damit scheitern sie. Der Selige bleibt gleichmütig, und die Zauberkräfte erlahmen.

Der so viel erkannte – und vor allem die Nichtigkeit des Fleisches –, versagte sich die einzige Art und Weise des Irrens, die seine Lehre überprüft hätte. Durch Begier bezwingst du die Erde auf ihrem eigenen Feld. Sie zu töten, ist ein Verbrechen am Nichts. Die Loslösung des göttlichen Prinzen, der ins hinfällige Fleisch beißt – welches Sinnbild der Vereinigung der Ewigkeit mit dem Nichts! Hätte Buddha der Versuchung nachgegeben, würde das Malerische des Zweideutigen in der absoluten Landschaft seines Daseins ihn seinen Nachfolgern als das einzige Vorbild erkoren haben. Die Unwirksamkeit der Anfechtung stellt alle diese Erleuchteten bloß, die das Nichts nicht kraft des Lebens zu verraten gedachten – das zwar auch ein Nichts ist, aber ein saftigeres.

Die Musik ersetzt die Religion, denn sie hat das Erhabene vor Abstraktion und Monotonie gerettet. Die Musiker? *Sinnliche* des Erhabenen.

21

Wenn der Azur Feuer finge und seine Flammen sich herab zu des Menschen Scheitel beugten! Nicht die Ruhe der Gewölbe noch lichter Zauber oder sanftes Lächeln unter dem Mond! Sondern der Wirbelsturm rasender Gestirne, den ungestümen Schüttelfrösten des Gedankens aufgepfropft.

Warum stehen die Dinge still, wenn deine Glut Donner in die Höhen schleudert? In Parkalleen betrachtest du das reglose Zittern des Laubes. Aber deine Zweige haben sich in der Feuersbrunst der Sterne entfacht! Wie viele Himmel mußt du in dir vergraben haben, daß so viele versunkene Götter, wenn du in die Archäologien der Totenstätten hinabsteigst, dem Licht entgegen jammern und auch im Blut mit ihren Flügeln flatternde Engel in der Seele widerhallen?

Ich werde nicht auf meine Vergangenheiten zielen, in

denen verwüstete Abgötter und zufällige Jesusse schlummern. Weshalb sollte ich das Gespenst des Weinens aus den Nächten, die das Wachen tötete, erwecken? Ich habe keine Tränen auf Kreuzen und Hügeln zu vergeuden, noch begehre ich flüchtige Auferstehungen. Sondern im Sturmesschnauben der Welt will ich die Melodien aufwühlen, des Blutes Stimmen ergießen in des Raumes Klangtrümmer. Warum noch einen zum Geprassel treibenden Pulsschlag bändigen und ein Fleisch, von Unermeßlichem und Gesang zernagt?

Nicht auf toten Wassern will ich von der Erde träumen, sondern auf Klippen, von Schaumumarmungen zermalmt.

22

Die Verwegenheiten des Geistes zerschlagen das Dasein. Aber auf welch leisen Sohlen wir dann auf seine Trümmer treten! Wir büßen unser Übermaß an Mut und die schamlose Suche nach Wahrheit durch warme Ergriffenheit angesichts der Überreste des Seins, das der raffgierige Geist zermahlte.

Was ist herrlicher als der Stolz des Denkens, der über allem schwebt und sich hin und wieder mit begnadeter Bosheit zu den Dingen herabläßt? Ein nach Abenteuern dürstender Geist ist unerbittlich und zynisch, voll Zweifel und Grinsen. Wir reißen uns empor durch die unermeßliche Galle, welche den Anblick durchstößt und Gift in den Schein spritzt, um in ihrer Zersetzung zu schwelgen und ihnen die vergebliche

Sogkraft zu entreißen. Die Erkenntnis wird zum Unterfangen und zur Tat in den Leidenschaften philosophischer Hyänen und in klarsichtigen Rasereien von Schakalen. Jählings hörtest du auf, zu fliegen, und stießest mit gefalteten Flügeln nieder, um deine Krallen ins Wirkliche unter dir zu schlagen. Der Geist ist Adler und Schlange, Klauen und Gift. Wie viele Reißzähne dir in den Dingen steckenblieben, ist eine Frage der Geistestiefe. In der Erkenntnis brechen die Instinkte des Raubtiers hervor. Du willst Herr werden über alles, es dir zu eigen machen – und wenn's nicht dein ist, willst du es in Stücke schlagen. Wie könnte dir etwas entgehen, dringt doch dein Durst nach Unendlichem bis zu den Gewölben und spannt doch der Stolz Regenbögen über die Verheerungen der Ideen?!

Hast du einmal die Welt und ihre Gestalten verwüstet, besänftigt sich die Kühnheit und hüllt die Wüsten, die deine Schritte zurückließen, in Bedauern. Dann beginnst du, *menschlich* zu sein mit den toten Dingen, und die Galle verwandelt sich auf den Wunden des Seins in Öl. Die Erkenntnis läßt das Wirkliche bluten. Der Hochmut des Geistes spreitet sich darüber wie ein mordgieriger Himmel.

Aber zu wie viel Zärtlichkeit sind wir nicht fähig, wenn wir, zurückgekehrt vom ungestümen Abenteuer, unsere feuchten Augen zu den Gärten des Scheins beugen, die unser Wahrheitshunger unbegehbar gemacht hat! Nehmen wir nicht die von den Lanzen des Geistes getroffenen Lebewesen in den Arm und richten die Pfeile, die wir auf sie abgeschossen haben, auf uns zurück? Du versöhnst dich mit der Welt und blutest. Aber in deinem Leiden liegt soviel spendende Lust, daß du mit unsichtbaren Schwingen alle Gefallenen deiner morddurstigen Erweckungen liebkost. Am Ende der teuflischen Aufschwünge des Geistes verklärst du dich in einer Hochherzigkeit, welche die Vergewaltigung der vergeblichen Reize wettmacht, ohne die du nicht leben kannst!

23

Mit welcher Freude geben sich nicht die von der Unzulänglichkeit der Seinslandschaft Zernagten, die von der wüsten Reihung der Stunden Zerfressenen den Blitzschlägen hin, die über die Dinge eine glühende Weite werfen! Einer von der Weltleere getroffenen Seele ist die Rachebesessenheit eine süße und kräftigende Nahrung, ein wesentlicher Bestandteil in Augenblicken, eine Wut, die Sinngebungen über dem allgemeinen Unsinn gebiert. In ihrem Haß gegen alles, was Adel, Ehre und Leidenschaft ist, haben die Religionen die Seelen mit Feigheit infiziert, ihnen neue Schauder, stürmische Inhalte entrissen. Gegen das Nichts haben sie nicht heftiger gewütet als gegen das Bedürfnis des Menschen, *er selbst* zu sein, kraft Rache. Was für ein Unfug, deinem Feind zu vergeben, ihm alle Backen, die ein lächerliches Schamgefühl erfand, darzubieten, damit das kriechende Gewürm um dich her sie bespeit und ohrfeigt, das gnadenlos zu zertreten die Instinkte dich antreiben!
Der Mensch ist Mensch in seiner Unduldsamkeit.

Hat dir jemand Böses zugefügt? So säuere den Haß in dir ein, wringe deine geheime Bitterkeit aus, versenge deine wallenden Adern. In Nächten, in denen umfassende Ruhe dich packt, stürze nicht ins zerstörerische Vergessen der Versenkung – verbrenne mit Schmerz und Zorn des Fleisches Zaudern – stich das grausige Gift in des Todfeindes Eingeweide. Wie könntest du anders das schale Leben verlängern?

Feinde findest du, wo immer du willst. Das Sinnen auf Rache unterhält eine ununterbrochene Flamme, einen absoluten Durst und vergegenwärtigt dich mehr denn jede Lust in der Welt, indem es deinem Verlangen und deinen Jahren schmeichelt; denn jung, böse, nach Sinn und Umsturz dürstend, wohin wüchsest du ohne die Aufschwünge des Hasses und des verhinderten Zorns!

Die kriegerischen Völker waren nicht grausam und abenteuerwütig aus Gier nach Beute, sondern aus Grauen vor der Selbigkeit der Tage, vor dem Mangel der Seligkeit an Ideal. Die Besessenheit des Blutes rührt von dem Endlos der Langweile, vom Unerträglichen des Friedens. Ebenso die Einzelnen. Wie könnten sie es dulden, sich in einem Gähnen der Gleichgültigkeit hängen zu lassen und in kleinmütigen Wollüsten?

Was finge ich an mit der Sanftmut und den andern Welten, zu denen mich eine Religion ohne wirksame Verzweiflungen führt? Was finge ich mit meiner eigenen Ruhe an? Ich kann mich mit mir selbst nicht versöhnen, nicht mit den Anderen, nicht mit den Dingen. Auch nicht mit Gott. Mit ihm erst recht nicht. Soll ich als törichter Anbeter in seinen kalten Armen liegen? Aber ich brauche kein Nest von müden Mütterchen. Auf den Dornen dieser Welt ruhe ich besser, und wenn ich mich erhitze, werde auch ich zu einem Dorn im Leibe des Erbauers und seiner Bauwerke.

Ich liebe die blutige Vergangenheit Englands, das Freibeutertum in Sitten und Schriften, den pathetischen Eissturm von Mord und Dichtung. Gibt es denn ein Schrifttum eines andern Volksstamms, in dem die Blutstropfen stürmischer in Strophen hervorbrechen? Oder irgendeine wildere, göttlich unmoralischere oder prunkhaft mordlüsternere Eingebung? Doch wie erbärmlich endete dieses Volk an den Toren des Parlaments! Wo sind die Seeräuber von ehedem, die Gier nach Blut, Gewinn und Unbekanntem hinaus auf Meere trug?

Ein Volk erfährt den Ruhm in Zeitaltern von Abenteurern, Landstreichern, sehnsüchtig Entwurzelten, wenn Haß, Rache und Ehre die Herzen den Horizonten entgegen öffnen und Eroberungen zum Hauptantrieb des Daseins machen. Sobald die Engländer aufhörten, grausam zu sein, und die Seligkeit der Kühnheit, den Reichtum dem Entflammen, das Geld dem Wahnsinn vorzogen, traten sie rettungslos in den beschämenden Untergang ein, in den Kalkül, in die Börse, in Demokratie und Agonie. Die Vernunft hat in ihrem Leben den Thron bestiegen – die Vernunft, die den Aufschwung von Nationen und Einzelnen tötet. Ein *gesetztes* Volk ist ein verlorenes Volk, ebenso verloren wie ein *vernünftiger* Kerl. Die Weltreiche werden von armen Schluckern, von Taugenichtsen, von blindwütigen Schurken gegründet und von Abgeordneten, von Ideologien und Grundsätzen verloren. – Von der Warte des gesunden Menschenverstands aus war Napoleon ein Geisteskranker. Frankreich litt »sinnlos« unter seiner Herrschaft. Aber ein Land *ist* nur durch Abenteuer. Zu der Zeit, als die Franzosen es noch liebten, für Leidenschaft und Ruhm zu sterben, wog ein Pariser Paradox schwerer und war entscheidender als ein Ultimatum. Die Salons entschieden über das Schicksal der Welt, hinter der Intelligenz nisteten sich Feuersbrünste ein, und der *Stil* bildete die zivile Blüte der Herrschsucht. Der Geist unterhielt seine spitzfindigen Dreistigkeiten auf lebenskräftigen Ausschweifungen. Das Zeitalter der Aufklärung setzte die sinnlose Anmut der Kraft und die gelehrten Enttäuschungen der Macht in Gobelins und Scharfsinn um.

Ein Volk verlischt, wenn es anfängt, zu *konservieren*, und wenn in den Spleen oder den Ennui nur noch die Müdigkeit von Ruhm und Mut vordringt.

Das Streben nach Macht und Vergeblichkeit ist die höchste Entschuldigung eines Volkes. Der gesunde Menschenverstand – sein Tod.

24

Warum solltest du, geboren aus einem Volk ohne Glück, das niederträchtige Los verdammen und durch Aufklärungen die hartherzige Schickung versüßen?

Am Fuße der Karpaten zieht der Weltgang am Menschen vorüber, und die Sonne ertrinkt in Jauche und Vulgarität. Kein einziges Ideal besprengt den totenhaften Frohsinn der Untertanen der Zeit, in jenem Dunstkreis des Morgenlandes.

Bist du wach, so macht dich die Langweile zunichte. Die jähzornige Leere des schmerzhaften Vaterlands und die Wüste, welche die Seele seiner Söhne durchweht, treiben dich in die Kaschemmen und in den Puff, damit du in Trancen der Randständigkeit die Jahrhunderte alte Bitternis des Landes und die Schmucklosigkeit der Wappen und Steppen des Herzens vergißt. So besäufst du dich und fluchst, um nicht ins Knie zu sinken und zu beten.

Vergrämt von so vielen Unmenschen, betrügst du mit Waldlichtungen und Obstgärten die heimatliche Ödnis. Im Walde hat sich der Walache über das Unheil getröstet; im Walde könntest du dich über ihn trösten.

Es stand geschrieben, daß die Nachfahren der dakischen und anderer zwielichtiger und finsterer Sippen keinen ihrer Gedanken ans Glück festhaken und daß unsre Blutstropfen die Erblast eines besiegten Geschlechts zu einem Kranz von Untröstlichkeiten bündeln. Schluchzen und Fluchen waren von jeher unser Winkelzug, der aus irgendeinem Stern der Zerfaserung herausgerissenen Schafhirten, berufen zu Aufstiegen gen Himmel und zu Erniedrigungen in der Zeit.

Das uns eingeborene Sklaventum löschte den Odem

des Ruhmes aus in einem von Vergeltungen schwer
geprüften Volk. Der Hochmut des Geschöpfs ist ihm
fremd. Nicht einmal die Überheblichkeit kennen die
Hirten von Herden und nicht von Idealen.

Wäre ich mit der Arglosigkeit der Engel und dem
Glauben der Kinder begnadet, selbst dann wäre ich
nicht sein zuversichtlicher Sproß. Wachen Auges von
Geburt an – und geweckter noch von Gefilden, wo
der Geist weht –, zertrample ich, meinen Stolz mit
Blut besudelnd, die Ketten, unter denen sich aus dem
Ursprung ein Volk von Knechten krümmt, das seinen
Sinn und seine Sendung schändet. Ein Ufer wird es
nicht erreichen. Unsegen ist sein Los.

Ihm Berufungen aussersinnen, die es widerruft, das
kann ich nicht mehr. Sein Dahinleben verletzt alles,
was sich über die Enttäuschung erhebt. Jede Hoffnung ist Leichtsinn, und Prophet zu sein, ist keine
Einübung in Zynismus.

Und mir ist, als hätte es dem Herzen den Zaum angelegt, um es so heftig zu zerren, daß es in die weiner-
lichen Kleinmütigkeiten des Klagesangs ausbreche,
und der freigebigen Zeit die Zügel so sehr angezogen,
daß sie ja nicht schnellen Schrittes in die Zukunft eile.

– Was ist das für ein Volk? – fragt dich der vom Fieber ergriffene Verstand. Seinen Gang hört man in der
Welt nicht.

– Man hört ihn in meiner Verzweiflung.

Wer sollte sein gebeugtes Schicksal aufrichten? Auch
der Himmel scheint sich zu krümmen, angeekelt vom
Ausbleiben walachischer Errungenschaft – und aus

der Höhe wirft er ihm verächtlich, gleich einer begehrten Gabe, die Entbindung von jeglicher Schicksalsberufung hin.

Wohin blicken, auf wen stolz sein?

Geschlecht von Elendigen, uferlos in seinem Unglück, erschaffen, um die Trübsal der trübselig Geborenen auszuweiten … In einem verdämmerten und in stinkend ruhmreichen Ländern, die der Zukunft nicht mehr bedürfen, ermatteten Bewußtsein bürdet die walachische Schicksalslosigkeit der unendlichen Seelenfinsternis einen schweren Schatten auf. Nur so atmet das Hirtenvolk in den Gedanken weiter, die vergangene und gegenwärtige Ninives umkreist haben. Welchem andern Zweck würden die uralten Fellmützen im verneinenden Zauber der Herbste des Geistes entsprechen?

… Ihr Vorfahren, die ihr eure Jahre in die Flöte hineinstöhntet, in mir seid ihr nicht mehr. Eure Lieder hallen nicht wider in Sehnsüchten, vollgesogen mit süßem Entfremden und seligen Landstrichen. An eurer Seite will ich einsam verlöschen. Und meine Gebeine werden euch nicht erzählen, wo ich die Ehre meines Marks und das Glimmern des Gehirns verlor.

II

25

Wenn ich Heere befehligte, würde ich sie ohne Lug und Trug in den Tod führen: ohne Vaterland, ohne Ideal und ohne den Schwindel irgendeiner Belohnung oder des Himmels. Ich würde ihnen alles sagen – und vor allem, wie wertlos Leben und Tod sind. Redlich läßt sich nur im Namen des Nichtseins Mut einflößen; sobald etwas ins Sein tritt, wird das Opfer, wie winzig es auch sei, zum unersetzlichen Schaden.

Der Tod ist ein Schemen wie das Leben. Ich will nur sterben, wenn ich weiß, daß die Wesensbestimmung beider weder Verlust ist noch Gewinn.

Gleichwohl gab es Heerführer, die sich um ein Haar der Täuschung entwanden ...

Es hält schwer, Marc Aurel zu lieben; ihn nicht zu lieben, ebenfalls. Über Tod und Nichtigkeit schreiben, des Nachts in einem Zelt, die Kleinmütigkeiten des Lebens im Klirren der Waffen ermessen! Als menschliche Paradoxie ist er ebenso befremdlich wie Nero oder Caligula. Doch wie groß wäre der nachdenkliche Kaiser, wäre er nicht bei den Stoikern in die Schule gegangen und hätte er sein Empfinden nicht in eine zweitrangige Lehre eingezwängt! Alle Lehrmeinung in ihm ist mittelmäßig. Die Auffassung von der Materie, von den Elementen, die Resignation als Prinzip – geht niemanden mehr an. Das System ist der Tod der Philosophen, um so mehr der Kaiser.

Von allen seinen Reflexionen ist nur der Schauder der Absonderung lebendig und fruchtbar. Im größten Kaiserreich entbehrt das Haupt einer Stütze; in der gewaltigsten Herrschaft steht dem Mächtigsten lediglich die Idee vom Zugrundegehen zu Gebote. Marc Aurel ist das reine Sinnbild der Absonderlichkeiten des Niedergangs, des Zaubers, den die Kulturdämmerungen verströmen.

Die Erde ist dir zu eigen – und du hast keine andere Unterkunft als das Vergebliche. Wäre er den griechischen Tragikern gefolgt, ohne an eine Schulmeinung gekettet zu sein, welche Ausrufungen hätte der menschliche Geist nicht verzeichnet! Der Stoizismus hat ihm ein Schamgefühl auferlegt – das uns lästig fällt. Und er selbst, wäre er von den Schulmeistern unbehelligt geblieben, hätte er unter der Geißel der Lehrlingszeit nicht gelitten – wie viele Verzweiflungen der Waffentaten hätten sich nicht in die Gedanken gemischt, die sie mit einer Gutmütigkeit leugnen, die uns enttäuscht!

Marc Aurel hat das Bewußtsein des Nichts *als Krieger* nicht gehabt. Welch befremdende Dichtung uns da entgangen ist! Schale Weisheit bewahrte ihn vor den Widersprüchen, die dem Leben den Sog des Geheimnisses verleihen. Es gibt zuviel Hinnehmen im römischen Kaiser, zuviel Versöhnung, zuviel Scham vor den Extremitäten des Denkens. Schließlich zuviel *Pflicht*. Man hätte ihn aber sehen sollen an der Spitze seiner Legionen, die er mit einer Verachtung zum Ruhmesglanz führte, die der Eroberungsglut gleichkommt! – Wahrhaft leben wir nur, indem wir eine Leidenschaft mit ihrem Gegensatz durchleiden. Zu keinem Heiltrank greifen ohne Gift, und umgekehrt. Erklimmst du einen Steilhang, so sei zugleich am symmetrischen Punkt des Abstiegs. So entgeht deinen Seinskräften nichts.

26

Auf alle unsre Fragen lautet die Antwort der Langweile immer gleich: Unsere Welt ist eine abgestandene Welt.

So faßt du den Entschluß, alles gegen sie zu tun.

Das *Neue* gibt es nur in uns. Weder in Dingen noch in Lebewesen. Das »Wirkliche« ist ein Feenzauber des Scheinhaften, das dich entzückt, solange dein Gesang den Rhythmus seines Spiels trägt. Ohne unsere Zügelung zerreißt der Schleier, der die Leben geheißene Parade zusammenhält, in schwebende Flocken des Wahns – und von allem, was sich vor den Augen ausfaltet, bleiben nicht einmal die Schatten des trughaft Wirklichen übrig.

Die Funktion der Langeweile besteht im Zerreißen jenes Schleiers. – Werden wir so viel Singkraft haben, um ihn weiterhin über einer Scheinwelt schwingen zu lassen, die nur im Lodern unserer Einbildungskraft *west*?

Das ganze Sein ist eine dekorative Täuschung der inneren Musik.

Hinter der Welt verbirgt sich keine andere, und das Nichts verheimlicht nichts. So tief du nach Schätzen gräbst, das Schürfen ist vergeblich: das Gold ist im Geiste versprengt, aber der Geist ist weit davon entfernt, Gold zu sein. Sollst du das Leben durch unnütze Archäologie verunglimpfen? *Spuren* gibt es nicht. Wer sollte sie hinterlassen haben? Das Nichts befleckt nichts. Welche Schritte sollten unter der Erde vorbeigezogen sein, wenn es keinerlei *Darunter* gibt? Bleibe Steuermann auf den Wellen des Scheinhaften, und steige nicht hinab als Bote der verborgenen Schichten. So ist auch die Unwirklichkeit. Ob du auf der Oberfläche des Meeres oder in seiner Tiefe bist, an keinem Ort kannst du mehr wissen als an dem, wo du dich befindest. Und du befindest dich nirgends, denn Nirgends ist unermeßliches Allüberall.

Der Traum ist nicht trügerischer als die Loderasche des Schlafs oder die mühselige Marter des Tages. Traum ist allseits. Wie könnten die greifbaren Gesichte der Nacht auf die Gespenster eifersüchtig sein, die in der Sterblichen Gezänk säuseln?! Die Gestaltungen der Welt wetteifern im Blenden.

Weil er Leidenschaften nährt in einer schemenhaften Welt, verdient der Mensch seinen Ruhm.

Du aber folge deinem Weg und neige mit nachdenklichem Ingrimm deine Strahlen, um ihn wie eine skeptische Sonne zu erleuchten.

27

Wenn du auf Grund natürlicher Neigungen Erfüllung und Taten anstrebst, was drängt dich mit stürmischer Wucht zur Verwirklichung? Und findest du keinen

Beweis gegen die Faulenzerei, was treibt dich zum Fieber der Stunden und Taten? Woher die Gewissensnot über die Vergeudung der Zeit, nachdem du den Vergeblichkeitsstoff der Zeit vorausgeahnt hast? Jeder Augenblick geht in alle Ewigkeit verloren. Ein *Bald* des Nichtseins harrt deiner am Schnittpunkt des Atems mit der Welt. Was du aufschiebst, hast du für immer aufgeschoben. Der Tod ist zugegen, und du kannst nicht als *Möglichkeit* in ihm bleiben – unheilbare Ausscheidung des Möglichen.

Hätte mich jenes *Bald* nicht verfolgt, ich hätte den Aufzeichnungen der Sinne nichts hinzugesetzt. Alles hätte ich dem Alter anheimgestellt. Wen die Rufe des Endens nicht umlauern, der hat unendlich viel Zeit. Und deshalb erfüllt er nichts. Jede Verwirklichung – und vor allem deine Verwirklichung – rührt vom beständigen Besessensein durch den Tod. Seine Rufe erzeugen den Willen, verleihen den Leidenschaften Nachdruck und wühlen die Triebe auf. Die Fieberhaftigkeit der Tat ist der Widerhall des Todes in der Zeit. Wenn ich nicht fühlte, daß ich für den Tod jederzeit offen bin, daß er mir weder Deckung noch Bollwerk bietet, würde ich nichts wissen, nichts wissen wollen, nichts sein und nichts sein wollen.

Aber ich sehe, daß er *hier* ist. Ich sehe ihn. Ich fliehe ihn und nahe ihm. Ich bin er und bin es nicht. Alles Wunde in mir ist sein Hautausschlag. Und Wunde bin ich überall.

Oft habe ich, getragen von den Melodien der Schlaflosigkeit, das gelbe Licht des Morgens erspäht und die Dinge, die sich nicht zum Aufwachen durchringen können. Vögel zwitscherten sinnlos einer wie ewig vom Tag entfremdeten Natur entgegen. Auch meine Gedanken zwitscherten mit ihnen, aber zurück zur Nacht. Dann erblickte ich das violette Funkeln des Todes und versuchte vergebens, mich im Ewigkeitsmangel des Tagesanbruchs zu verstreuen, an das Grauen des Morgens zu glauben.

… Und wenn ich meine Erinnerung allen jenen zuwende, von denen ich etwas zu lernen hatte, scheint mir das Geheimnis ihrer Anziehungskraft der Nähe zum Tod zu entspringen. Weil sie sich ewig am Rande aufhielten, befanden sie sich in dem natürlichen Bereich der Erkenntnis. In ihrer Stimme drang die kunstvolle Agonie der Materie durch, mit ihrem schwächlichen und schmerzhaften Schicksal – und ihre Worte lösten sich ernst und sinnlos, erregt und bitter ab – Begriffe im Zusammenbruch, im letzten Erblühen. Auf Wärme bin ich nur in ihrer Seele gestoßen. Sie verströmten durchdachte Düfte, Richtersprüche, getragen von ätzendem Parfum. Das Gemisch von Krankheit und Lebenskraft stößt die natürlichen Gefüge seltsam um, denn sie waren in keinem Landstrich und waren in allen. Das in den Lebenszartheiten verborgene Böse, welch ein Miteinander von Herbst und Lenz in den Ideen! Ich habe nur jene geliebt, die in keiner Jahreszeit versteiften – und in ihrer Umgebung, vom Tode umfangen, vergaß ich die Witterung des Geistes und ward mit ihnen Geist.

28

Daß die Menschen sich nicht schämen, dazusein, seit langem weiß ich's. Ich wurde nicht müde, über ihren zuversichtlichen Gang zu staunen, über ihre fragenden, aber schmerzfremden Augen, über ihre selbstherrliche Haltung von vertikalen Würmern. Ich kann nicht bezeugen, daß sie gegen die Erde dankbar wären oder daß sie sich vor ihrem flüchtigen Gedeihen mit hingebender Andacht verneigten. Die Anbetung ist eine Frucht der Absonderung. Und die täglichen Sterblinge – wie ewig wären sie, wenn sie ihre Kräfte in freudigem Schluchzen verausgabten, wenn sie so vielen Wahnvorstellungen huldigten, daß ihre Schritte eine Welt aus Sammet beträten! Aber nein! Wo der Mensch vorbeizieht, gibt's nur Verwüstung und Vergewaltigung des Scheinhaften. Ich habe in ihm nicht die Schüttelfröste gesehen, mit denen er den Raum ausfüllen und den Himmel bleichen könnte. Miteinanderleben ist nur in einer gemeinsamen Entrückung zu ertragen; und nichts ist seltener unter der Sonne als die Entrückung.

Gleißt die Sonne, damit wir uns erwärmen? Schütten uns die Nächte zu, auf daß wir uns mit Schlaf zuschütten? Das Meer, auf daß wir es erstürmen? – Seitdem der *Nutzen* in der Welt aufkam, ist die Welt nicht mehr. Sie ist nicht mehr im Zauber. Die Anbetung allein achtet die Dinge an sich, und das Leben ist kein Leben ohne die Seligkeitstränen der Leiden, die es verursacht. Auf seinen trügerischen Weidegründen bin ich mit ihm himmelwärts gefahren, als das

Herz sich im Tanze an einem verwüstenden Gesang zerrieb. – Wie verschlänge mich die Erde, die ich mit Tränen umschlang und mit Blut verachtete? Sollte ich unter ihr verfaulen, unter ihr, die nur als Grab Ewigkeit ist? Kein Schauder sollte die Totenäcker in reinere Erde verrücken?

… So bringst du es dahin, mit der gleichen Leidenschaft in der Geburt, in der Jugend, im Tod, im Nichts und in der Ewigkeit zu baden – unbekümmert von Zielen, angeödet von Sinn und Vollendung. Wo du auch hingehst – es ist stets dasselbe. Du sagst: *Ewigkeit*, weil deine Schauder die Zeit gebrochen haben – und, wenn die Zeit sie niedergeworfen hat, sagst du: *Nichts*.

Ein warmer Odem läßt die Adern schwellen – und dann zitterst du vor Hoffnung und sagst dir: *Leben, Jugend*, und denkst mit Schaudern an Liebe und Zukunft. – Oder wenn in ihnen nur Gedanken umlaufen und der Hauch der Angst mit schmerzvoller Stille weht, dann sagst du dir: *Tod*, und alle Unkräuter der Zeit verkrampfen sich in deiner Seele.

So wirst du deiner Berufung als eines Leidenschaftstrunkenen der Scheinbarkeiten inne. Mit leidendem Entflammen fährst du fort, dich an alles anzuschmiegen und von allem abzulösen, indem du, den Umständen entsprechend, geblendet oder entkrampft, von der uferlosen Vergänglichkeit zehrst, der du dich hingegeben hast.

29

Wenn das Böse der nächtlichen Leidenschaft keinen geschwächten Geist untergrübe, würde ich den Schlaf brechen und die Finsternisse mit Frühling erfüllen. Aber ich habe nicht genug Saft für die Knospen der Nächte… Allzu oft gezwungen, über ihre Ruhe fruchtlos zu wachen, verharre ich, Auge in Auge mit mir, benommen im Ausbleiben des Gedankens.

Was würde ich ersinnen im Flachland der Ideen und am stummen Nullpunkt des Empfindens? So wünschst du noch nie erblickte Untiere herbei, die dir ins erschlaffte Fleisch beißen, auf daß dein Blut zische und dir zur Seele werde.

Ohne entflammte Vergiftungen bricht das Morgengrauen nicht an – Ausbruch unserer Wunden im nächtlichen Finale. – Blutest du? Dann lauere dem Morgenrot auf, und in dir zeugt sich die Sonne.

Alles, was geboren wird und lebendig ist, quillt aus der Verschärfung des Leidens im Kampf mit dem Licht. Der Tag? Gesundheit unserer Laster.

Ein *Décadent* der Morgenröten …

30

Du bist es leid, so viel zu wissen, und müder noch, so viel auseinanderzusetzen, und beneidest Jupiter, weil er Worte durch Donner ersetzte.

Die Stimmen auf Papier übertragen und die Rätsel in Worte! Der Geist will die Seele ergründen. Lasterhafter Irrtum, der dem Menschen zugrunde liegt; sein *Umfang*: die Kultur.

Die Krankheit der Ausdeutung – Frevel gegen Möglichkeit und Musik ...

Durch Worte entladen wir uns von Lasten, durch die wir *mehr* wären. Die nicht schreiben, die *sich* nicht schreiben, *leben* unangetastet, sind unendlich gegenwärtig.

Der Geist nagt am *Möglichen.* Und was wir Kultur heißen, ist ein sich Lossagen von unseren Quellen. Die Wesenlosen der Welt werden zu Wesen durch das Wort, um den Preis *unser selbst.* Der Ausdruck zeugt Leben auf dem Leichnam des Schöpfers. Nichts von dem, was du *gesagt* hast, eignet dir mehr. Und auch du gehörst dir nicht mehr.

Keine Nacht, die ich durchschaute, ist mehr meine. Und auch keine Liebe.

31

Ich sehe das Fleisch um mich her. Ich sehe mein Fleisch und das Fleisch überall. Süßes und anrührendes Aas. Durch das Fleisch lernt der Geist, was warm und kalt ist; durchs Fleisch klettern die Würmer in die Ideen.

Den reinsten Gedankengängen, die einen der Unsterblichkeit gegenläufigen Weg einschlagen, wird es nicht gelingen, uns das Weihebild des sterblichen Unendlichen als dessen jähen Schauder einzuflößen. Etwas ist faul bis zur Erhabenheit in diesem Fleisch. Kraftstrotzende Vergänglichkeit, dem Getast zugänglich. In den letzten Zügen liegendes Absolutum, der Empfindung entschleiert. Die Lust im Weinen und das Weinen in der Lust – das ist sein ganzes Geheimnis und sein ganzes Wesen. Ich fühle es hier, so nah, so wenig ewig, den Faxen ausgesetzt – und ich sehe es hernach gebreitet in der unterirdischen Lagerstatt, violett, grün, schräger Traum, Putz eines ehemaligen Daseins, dem früheren Aufruhr flüssig zugrinsend, Totenstätte, in der die Liebe gegoren.

Sein: Wechselbad von Warm und Kalt. Und einige Hoffnungen mehr. Soll ich über den Leib gehen, die Würmerkeime zertreten, die unter den Gedanken sich winden und wimmeln, und in ihrem unsichtbaren Saft mit dem unermeßlichen Nichtsein schwanger gehen? Oh, nein! *Mit ihnen* werde ich vorwärtsschreiten auf der Erde, in ihrem angestammten Raum.

»Die Krankheit des Verlangens«, der sich die Religionen widersetzen, werde ich zu pflegen wissen. Nicht ich will dem verhängnisvollen Aufruhr und dem stolzen Harm des Fleisches ein Ende bereiten. Seinem tragischen Apostelamt werde ich folgen mit den Auferstehungen eines Opfers. Warum sollte ich meine Blicke an den Himmel nageln, wenn es um mich her, in mir, in meinem Ureigensten, in so schauriger Verlassenheit zuckt?

Ein in die Materie eingeflossenes *Wehe!*, eine Ausrufung, die Gestalt angenommen hat – das ist des Menschen Leib.

Und deshalb entweicht seinen Gelenken ein kaum vernehmbares Wehklagen, das mit zerreißender Stimme im Knarren der Knochen geboren wird und hernach im leidenden Ermatten des Talgs stirbt. – In

seiner Kälte spürst du Grabmäler und alle Abwesenheiten der Regsamkeit; die Wünsche haben sich in
seinen Leichnam eingeschlichen, ins abgestandene
Blut, und im Erglühen wimmeln Wünsche wie in einer Strahlenhölle. Denn sein Frost verwandelt die irrsinnigen Zuckungen der Liebe in Eisschollen, so wie
seine Brunst deren Ekel und Nichts in die Liebe auf-
steigen lassen. – So gewinnst du ihn letzten Endes
mitleidsvoll lieb und betastest – Leib, der sich des
Leibes erbarmt – seine hinfälligen Zwecke und sagst
dir: Wie einsam und verlassen ist des Menschen Leib!

32
Walachisches Schicksal
Du brauchst keine Krankheiten, die dir den Geist gei-
ßeln, noch Verhängnisse, die das Schlummern deines
Verstandes zermahlen. Gedenke unablässig der zur
Schicksalslosigkeit ausersehenen Sippe und, solltest
du deine Seele in die Ausstattung des Paradieses verwandeln, so wirst du nicht die Kraft finden, der Linderung zum Opfer zu fallen. Unter deinen Seligkeiten
wird ein Dorn übrigbleiben, grimmiger und schärfer
noch als die Krallen der rasenden Drachen im Mär-
chen, der dich in des Vergessens Süßigkeit ausbluten
lassen und deinem Blut ohne Ahnen eine aussätzige
und unheilverkündende Flüssigkeit einflößen wird.
Seite an Seite mit den sogenannten Menschen, Schulter an Schulter mit Schemen wurmstichiger Ideale,
verschlammt in Enttäuschungen, die sich wie
Schmutzwäsche breiten, wird das Leben ein Rinnsal

ca într'un infern ale rase. Căci
frigul lui preschimbă'n ploiuri
zvâcnirile nebune ale dragostei, precum
căldurile lui ridică'n dragoste, scâr-
be și nimicul ei. — Astfel ajungi
să-l îndrăgești cu mila, să-i
pipăi — trup, milostivit de trup —
pasturile și lui pieritoare, și să-ți
zici: ce ~~fără nimeni~~ e trupul omului!"

32 Destin valah.

N'ai nevoie de boli să-ți biciuiască
duhul, nici de fatalitați să-ți macine ados-
mirile minții. Ia seama, necontenit la neamul
urât nesoartei, și de-ai face din sufletul
tău inventarul răului, nu vei găsi pu-
terea să cazi pradă ~~deznădejdiei~~. Va ră-
mânea subt fericirile tale un spin, mai
crâncen, și mai ascuțit ca ghiarele scorpiilor
demente din povești, ce te va însângera în
dulcețile uitării și-ți va iscodi în fângele
~~boala~~ strabunii, un lichid lepros și imfimit

prevestitor. Cot la cot cu așa ziși
oameni, umăr la umăr în stafii
de idealuri roase de cari, dinamo-
lit în decepții ce se-ntind ca mrejele
murdare, viața devine o gârlă a reze-
mnării, deci viața o putoare cosmică
atenuată de ridicul. Cine a ucis vito-
rul într-un neam fără trecut?

Ori încotro te-ai duce, blestemul
lui te urmărește, îți muncește vechile,
te chinui pentru el, căci oricât ai urî
acele Ursitoare ce i-au anulat desti-
nul din veacuri peste veacuri — universul
nu te mângâie de spațiul preferării
în care te-ai născut! Nenorocul valah simțit în vine, face cot braha
-lui Pascal — și până-n gât fiind în
el, ești doar automat. Ce nevoie să
ai de lepră când soarta te-a plă-
mădit și teaz și valah? O drama de
două ori n-are deznodământ, acțiunea
fiind funebră de la temelie!

De-ai putea măcar disprețui acel
nenoroc. Dar el e mult prea mare. Îți
zdrobește ironia, îți cimentește supărul,

der Resignation, das Werden ein kosmischer Gestank, durch Lächerlichkeit entschärft. Wer hat die Zukunft gemordet in einem Volk ohne Vergangenheit?

Wohin du auch gehst, dich verfolgt sein Fluch, durchwütet dein Wachen, du quälst dich um seinetwillen, denn so sehr du auch jene Nornen hassen magst, die sein Schicksal von Jahrhundert zu Jahrhundert zunichte machten – das Weltall tröstet dich nicht über den Raum der Unseligkeit, in den du hineingeboren bist. Das walachische Unglück, das man in den Adern spürt, wiegt soviel wie Pascals Krankheit – und, darin eingesunken bis zum Hals, wirst du unwillkürlich zum Hiob. Wozu noch Aussatz, wenn das Schicksal dich wach und als Walach gezeugt hat? Ein Trauerspiel kennt nicht zwei Auflösungen, denn die Handlung ist totenhaft bis auf den Grund.

Wenn du jenes Unglück zum mindesten verachten könntest. Aber es ist viel zu gewaltig. Es zertrümmert deine Ironie, verstümmelt dein Lächeln, zerschlägt die Leichtigkeiten der Klugheit. Du möchtest guten Willens sein. Aber wie? Du sagst dir: Dein Land ist ein oberflächlicher Totenacker! – Und je mehr du das Heillose versüßt, um so mehr wächst dein Gram. Sträfling der Zeit ist jeder Rumäne.

Du kennst deine walachischen Mitmenschen und ihr honigsüßes Grinsen von Pferdedieben mit Salonschliff. Tausendjährige Niederlagen haben dünkelhafte Scheusale von unfruchtbarer Aufgewecktheit gezeugt und in dem von erstickten Schmerzen ausgelaugten Bauern eine Weltsicht, aus Erdklumpen und

Pflaumenschnaps gefügt – und schiefe Holzkreuze, die Wache halten bei Toten ohne Stolz. Auf den Dorffriedhöfen begreifst du die Sinnbilder des Landes selbst, denn in keinem Weltwinkel hat so viel Unkraut das Andenken an die Gewesenen mit einer so großzügigen Bekundung des Vergessens überzogen. Sollte Rom keinen einzigen Tropfen im Blut jenes Volkes hinterlassen haben? Sollte dieses mit seiner Handvoll Worte nicht auch Spuren von Hochmut, Hoheit und Macht geerbt haben? Sollten wir nicht wenigstens Roms Sklaven würdig sein? Unser Gang durch die Welt verdient nicht einmal die Nachsicht des römischen Auswurfs.

Deinem Land begegnest du aus dem Bedürfnis nach einer Verzweiflung mehr, aus dem Durst nach einem Zuwachs von Unglückseligkeit. Ich bin Rumäne wegen des Vorrates an Selbsterniedrigung, der im Menschsein angelegt ist. Diesem Raum anzugehören, ist nicht schmeichelhaft, mit Ausnahme der Bestrebung, in Schmerzen darniederzuliegen, deren Schuld ich nicht trage, und meinen Hochmut in der heillosen Offenkundigkeit unseres Nichtseins zu erdrosseln. Die anderen Menschen sind, oder sie sind nicht. Aber niemand ist so *wenig* wie wir! So ein bißchen! Das Diminutiv ist unsere Gottheit. Sogar der Tod ist zweitrangig am »Fuß der Alm« des nationalen Infinitesimalen.

Unser Land behalten wir nur als Quell von Untröstlichem lieb. Wenn es doch wenigstens zum Unheil würde! Selbst im Bösen müssen wir Nachsicht mit ihm üben, ihm die Ehre eines Menschen gewähren, den es nicht zu gebären vermag. – Vernichtung! Zerbrich mir die Denkkraft!

Welches böse Vorzeichen hat unsere Anfänge besiegelt? Und welches Petschaft hat die Zeichen unseres Mangels an Bestimmung wie eine ursprüngliche Scham aufgedrückt? Kein Siegeskranz hat jemals einen Walachenschädel geschmückt. Hängenden Hauptes führen die vorgeblichen Nachfahren des prächtigsten Geschlechts ihr knechtisches Los spazieren. Sklaven der Ausschweifung, wissen sie nicht, daß das Geschöpf sein Ziel erreicht, indem es die Sonne mit Blitzen der Inbrunst und durch Raserei von herrlicher Kühnheit erniedrigt. Die Sklaverei ist der Pfuhl, in dem sich die balkanische Feigheit rekelt, der wollüstige Schlamm eines Winkels in Europa, der sich in Wonnen wälzt, denen die Entschuldigung des Edlen oder Lasterhaften abgeht.

Warum wohl drängte uns die Vorsehung aus der weiten Natur hinaus, um uns dafür zu verhöhnen, daß wir uns vor Nichtigkeit krümmen?

Bei der Ansiedlung der Woiwoden saß ein Käuzchen …

… dessen Unheilsruf dich an den Ufern der Seine offenbar wie ein Widerhall des Widrigen begleitet, damit du ein totes Schicksal ermessen kannst – im Herzen solchen Ruhms.

33

Oft habe ich Abschied vom Leben genommen. In meinem Herzen sagte ich mir: Das Sein ist besiegelt. Was noch suchen darin? Für dich gibt es keinen Platz: Trenne dich von allem, schlage ein Kreuz über alles, was du gewesen bist, und ein noch größeres über alles, was du hättest sein können, wirf deinen Leib zu Boden, zerreiße deine Gewänder und den ehemaligen Glauben, reiße dir die Haare aus einer mit Hoffnungen mordenden Hirnschale und, indem du mit unerbittlichen Armen deine Gelenke entknotest, merze das Gedenken deiner Zufälligkeit aus.

... Aber als ich dies alles in die Tat umsetzen wollte, erwiderte mir das Herz: »Du liebst dein Aas über alles. Und wenn du den letzten Wunsch zerträtest, wenn du weder in der Zeit noch in der Ewigkeit einen Augenblick fändest, um zu verschnaufen, verlassen von allen und verlassen von dir selbst, würde in meinen Schlägen noch ein Durst schwelen, kraft dessen du *bist*, wie sehr du auch nicht sein wolltest. Dein Blut, das die Gedanken und andere Teufel tränkte, bricht, wenn du dir selbst am fremdesten bist, in mein ödes Inneres herein, und aus dem Treibhaus deiner Verzweiflung werde ich zum Garten des Frühlings. Und wie oft war ich nicht dein allerletzter Lenz!«

Ich wollte den Zerfetzungen einen unmerklich am Leib lehnenden Gedanken unterwerfen. Und wenn keine Verstörung auftrat, den schuldhaften Drang zu besänftigen, nahm eine Stimme aus den Urtiefen Gestalt an, die Stimme des Hungers nach Sein. Aus dem

Mörder deines Wahns, dem Heiligen des Nichts, ver-
wandelte dich die Nähe der verhängnisvollen Tat auf
der Stelle in einen Diener der Zufälligkeiten in der
Welt, einen Handlanger deines Zufalls.

Nachdem du von Mitmenschen besudelte Straßen
durchstreift – von Mitmenschen, denen du folgst, um
sie zu fliehen –, die Müdigkeit der Städte auf dem
Rücken getragen hast, dazu die Tobsucht auf den
Boulevards der Zeit, kehrst du heim – und im einsa-
men Gemach und im noch einsameren Bett seufzt die
Scholle der Gedanken: »Ich kann nicht mehr, ich
kann nicht mehr.« – Bettücher, die nach Bahrtüchern
riechen, und von letzter Blässe gebleichter Geist. Und
wenn in dir alles zu brechen scheint, reißt dich der
Schauder des reinen Daseins *diesseits* deiner zurück,
in die unmittelbaren Gefilde der Verfehlung, des
Seins.

34

Wenn du in frühester Jugend den verstimmten Kla-
vieren der Provinz mit verkrüppelten Tonleitern,
über denen du in endlosen Nachmittagen schluchz-
test, nicht gelauscht; wenn du später nicht Nacht um
Nacht gewacht, Augenblicke errechnend mit einer
Arithmetik des Unheilbaren; wenn du deiner Verbannung keine Zuflucht in Gestirnen, in Tränen, in ver-
lassenen Jungfrauenaugen gesucht hättest – und nicht
aus allen Wiegen des Seins ausgebrochen wärst –,
würdest du heute die Leere kennen, die der Welt und
deine eigene?

Die Ausdünnung des Lebens wandelt alles um in Unwirkliches. Ich nehme die Dinge in die Hand, und sie entgleiten mir wie ich mir selbst. Selbst der Abhub – *höchste Wirklichkeit* – ist nur ein konzentrierterer Traum.

Der Fremden – der Frau *an deiner Seite* –, die sich bei dir über die Schwierigkeit, voranzuschreiten, beklagt und dich um Heilmittel gegen die neinsagende Versuchung anfleht, erwiderst du:

– Betrachte das Unwirkliche allerorts. So vergißt du das *scheinbar* Bejahende des Leidens.

Und sie:

– Aber wie lange denn?

– Bis du den Verstand verlierst.

35

Je mehr der Mensch aus einem *deutlich abgegrenzten* Dasein besteht, um so verwundbarer wird er. *Was nicht ist*, kann ihn verletzen; ein Nichts ist Anlaß zu Erschütterungen – während es auf einer dem Tier benachbarten Stufe starker Gefühlswallungen und entscheidender Umstände bedarf, um *gegenwärtig* zu sein. Bist du *du selbst* geworden, ohne Grenzen in deiner Entgrenzung? Wer wird dir dann die Pfeile, die das Gift der Zeit abschoß, herausziehen? Du hast dich vergiftet, sooft du das Flußbett überflutetest, das dem Atem eines ewigen Sterblichen zugedacht war. *Alles* berührt dich, wenn du denkend die Gefilde berührst, die den der Zeit schicksalhaft unterworfenen Lungen verwehrt sind. Reflexionen bedürfen keines

Sauerstoffs; deshalb sühnen wir sie so grausam. Die Nähe zur Ewigkeit bestimmt die Verwundbarkeit als eine dem Menschen wesentliche Eigenheit und die Vergeblichkeit – als den Zauber seines Wesens.

In dem Maße, in dem ich *wissend* in einer Abwesenheit von Sinn schwelge – oder ohne einen anderen Nutzen handle als den der Versüßung der Langeweile –, in dem Maße bin ich ein Mensch. Pflüger in der Sahara, das ist dessen Würde. Ein Tier, das für *Nichtseiendes* zu leiden vermag, das ist der Mensch.

36

Daß ich noch bin und mir noch einen Pfad bahne durch das Welttreiben, soll ich's der Vernunft danken? Vielleicht auch ihr. Aber zu allerletzt. Den Menschen? Den Erscheinungen? Weder die einen noch die andern waren *zugegen*, als ich nicht mehr war. Sie sprangen mir immer *danach* bei.

Doch als die Entwurzelungen der Welt bis ins Quartier Latin drangen und du dein Exil unter so vielen Ahasveren schlepptest, mit welchen Kräften ertrugest du noch die verfluchten Knechtschaften des Herzens und das Rauschen der Einsamkeit im verträumten Nebel der Boulevards? War auf dem Boulevard Saint-Michel je ein Fremder fremder als du? Und saugte eine Hure oder irgendein Bettler sein vulgäres Parfum liebevoller ein?

Wie die spanischen, afrikanischen oder asiatischen Fremdlinge im Rom des Niedergangs, das Versinken der Kultur im Wirrwarr der Lehrgebäude und Glaubenslehren auskostend und, jedes Ideals ledig, sich weidend an den Zweifeln der Burg – so schlenderst auch du enttäuscht durch den Dämmer der Stadt der Aufklärung. Niemand hat Wurzeln. Die Augen der Passanten sind übermüdet, und die heimatlichen Landschaften verlöschen darin. Keiner gehört mehr zu irgendeinem Land, und kein Glaube drängt sie mehr in die Zukunft. Alle genießen eine schale Gegenwart. – Die Einheimischen, ausgedörrt, der Potenzen ledig, haben nur noch im Zweifeln *Reflexe*. Das Zeitalter der Aufklärung hatte *Geist* im Skeptizismus; am Ende der Zivilisation ist der Skeptizismus vegetativ. Dem horizontlosen Leben bleiben nur noch die Offenbarung des Empfindens und Tropismen der Luzidität. Die Instinkte haben sich zermahlen. Die Urenkel der überfeinerten Skeptiker vermögen *physiologisch* an nichts mehr zu glauben. Ein Volk in den letzten Atemzügen ist angesichts des All-Nichts nur zur negativen Ekstase der Intelligenz fähig.

Auf den Straßen atmest du den Hauch der Leere, den die Dämmerung verströmt, und versuchst, die Morgenröte zu verscheuchen, um dir nicht eingestehen zu müssen, daß du die letzte Stufe des Niedergangs der Burg erreicht hast. Und dann schwingst du dich durch einen Willensentschluß über sie empor. Und willst dich retten. Wer und was soll dir darin Beistand leisten?

Nichts, mir hat nichts geholfen. Und hätte mir Bachs Largo aus dem Konzert für zwei Violinen nicht zu Gebote gestanden, wie oft wäre ich nicht zugrunde

gegangen? Ihm verdanke ich mich. In der schmerz-
voll ausgeweiteten Schwere des sich außerhalb der
Welt, des Himmels, der Empfindungen und Gedanken Wiegens senkten sich alle Tröstungen zu mir
herab, und ich begann wie durch ein Wunder wieder
zu sein, trunken vor Dankbarkeit. Gegen wen? Gegen alles und nichts. Denn in diesem Largo liegt eine
Ergriffenheit des Nichts, ein Schauder der Vollkommenheit in der Vervollkommnung des Nichts.

Kein Buch richtete mich im Viertel der Gelehrsamkeit
auf, kein Glaube stützte, keine Erinnerung stärkte
mich. Und wenn die Häuser sich in bläulichen Dämp-
fen verloren, wenn, nordisch und verödet, der Luxem-
bourg-Garten tief im Winter vor Nässe schwamm
und die Feuchte durch Gebein und Gedanken schim-
melte, hielt ich, der Gegenwart entrückt, inne,
benommen inmitten. Sodann stürzte ich mit verquäl-
ter Hast zum Quell des Trostes und verschwand und
erstand wieder, getragen von des Klanges Abwesenheit.

Nachdem du ernüchtert von dem Gift der Religion
schlürftest, löst dich die Begleitung der Musik von
den Zufälligkeiten der Enttäuschung. Ihre Schwingungen haften nicht an Gegenständen, Lebewesen,
Wesenheiten oder Scheinbarkeiten, sondern du
hängst – mitten im Schauder – von niemandem mehr
ab. In ihrem allzu weiten Raum finden Erde und
Himmel kein Spiel der Verwirrung; sie sind zu winzig
und ermangeln der Substanz der Flocken, um darin
zu schweben. Der Schall – kosmische Lüge, die das

Unendliche ersetzt – vergönnt dir jeden Übermut, im übrigen: »Entweder Gott oder ich töte mich« ist ein *Gemeinplatz* der Musik.

37

Dem Himmel will ich keinen Frieden gönnen. Ich brauche keine wohlanständigen Wolken, kein blödsinniges Blau und keine wohlfeile Poesie von süßlichen Untergängen. Schwarze und stürmische Höhen, pechiges Schweben, das sich ausdehnt und die flauen Tage mit Nacht ansteckt – daran will ich meine furchtbare Folterqual unter der farblosen Sonne aufhängen!

Ich will nicht in fahlen Gegenden tappen, noch will ich die vergifteten Unkräuter in den Träumen jäten und das verhängnisvolle Röhricht in deren Sumpfmooren. Im schwarzen Blute gedeihe lichtlose Pflanzenwelt, ich bin es satt, zahme Sterne widerzuspiegeln und den Schlamm meines vergrämten Lebens mit flüchtigen Firnissen zu überziehen. Ich werde Samen streuen ins Gift und träumende Gestirne zum Tode auferwecken.

Ich weiß nicht, welche Morde in meinem Lebenssaft gekeimt und wie hoch des Geistes Schlinggewächse – die Flüche – in den Geist geklommen sind. Ich werde ihn nicht mit Weisheit gerben, sondern ihm beißendere Düfte einträufeln, um seine Giftflamme, die das Sein nährt, nicht zu löschen.

Und du, meine Seele, allzu oft mein Seelchen, wirst einem Schicksal, das des Himmels harrt, nicht entrinnen. Du wirst auch nicht in der sterblichen Ruhe verschimmeln, zu der verkümmerte Urahnen dich vorbestimmt haben. Ich werde das unbarmherzige Schwert schmieden mit fröhlicher Schneide und dich um deiner Ermüdung willen in seine blutige Wiege legen. Du willst schlafen, du Niederträchtige, aus urväterlichem Nickerchen Gezeugte, schlummern willst du wie das schmächtige Blau, von dem du dich wie alle Seelen unter der Sonne losgerissen haben wirst, heimgesucht von Sanftmut und Artigkeit. Ich aber wache zwischen Erde und Himmel, und auf der Lauer werde ich sein, wenn deine Müdigkeit dich in den Herrn-in-der-Höhe senkt, und deine Flügel will ich mit Feuergeißeln schlagen, und du wirst abstürzen, du rappeliger Ikaros, in die Meere des strudelnden Ichs.

Wie lange soll ich deine Sehnsucht nach feigen durchsichtigen Umgebungen noch ertragen und mich krümmen unter dem Gesetz, das dich zu stillen Gestirnen drängt, und allein bleiben mit mir selbst, dich aus der Tiefe begehrend – während du, Blindschleiche des Luftmeers, dich wälzt auf einem durch Gemütsruhe verschossenen Azur?!

Aufs Nagelbett werde ich dich legen, in die Bettstatt des Herzens. Mit Wunden werde ich dich einsperren. Wie sollte ich noch durch die Welt wandeln, wenn du, umherirrend in anderen Welten, von dort meinem schlaffen Schmachten zulächelst? Hienieden, in Gewühl und Verdruß, hier werde ich dich annageln, Flüchtige und Verräterin der Qual! Mit dem Schwert werde ich dir den Eifer zerhauen, du Eifernde des

Paradieses! Und wenn du mich verlassen willst, hast du mich zum Mörder gemacht!

38

Flamme! – sichtbare Kraft, nicht zu sein! In deinem Spiel des Ist und Ist-nicht, in deinem lotrechten Untergehen habe ich meinen Sinn und Verstand mehr als in allen Lehren, mit Gesetzen und Gedanken, enträtselt. Du scheinst ewig zu sein und fährst empor, beseelt von deiner Feuersbrunst, du sonnenhafter Tod, der das Leben seiner Zeichen beraubt. Wohin schwingt sich dein jähes Nichtsein hinauf? Welchem Sein zu?

Warum reichst du mir nicht dein verzehrendes Zukken, um die Glut unter meiner Asche auferstehen zu lassen? In dir würde ich wachsen, in der Vorspiegelung deines Glanzes, und wie ich dann mit dir verlöschen wollte, im Flackern, diesem Trugbild des Ewigen!

Gleich deiner Feuersbrunst, die aufsteigt, um den Absturz vom Gipfel des Wachstums zu täuschen, bin auch ich in der Welt herumgetollt, dem Grabe fern, um ihm in der Höhe näher zu sein. Dein Mangel an Nutzen ist der Schatz deines Aufschwungs. Du klammerst dich an niemanden und nichts fest und scheinst mit Zärtlichkeiten das Schweigen des Raumes zu liebkosen, aber dein Wehen, dem Gehör fürs Nichts vernehmlich, ist die Stimme des Nichtseins selbst. Des Seins, das sein will und nicht kann. Stimme der Nichtdauer, du enthüllst uns das einen Augenblick

währende Auflodern als das Geheimnis, das ein Ding
sein läßt. Wir sagen, daß es *ist*, wenn wir es durch
Glauben und Wahn über das augenblickliche Feuer,
über den strahlenden Augenblick hinaus verlängern.
… Woran könnte ich mich festkrallen im Ungewissen,
das Flammen durchzüngeln, Flamme ich selbst, hin-
fälliger als alle andern? Aber dennoch, wenn die Welt
eine Nacht ist, geweitet von den Schatten des Lichts,
so bist du jedenfalls mehr, wenn du *brennst*, als wenn
du dein Haupt mit der Loderasche der Ruhe und dem
Ruß des Erduldens bedeckst. Gott ist eine Lüge wie
das Leben und vielleicht auch wie der Tod …
Ihr seid mir geblieben, ihr Feuer des Herzens und
ihr parfümierte Scheinbarkeiten des Nichtigen in der
Welt, in der die Flamme mir einschärfte, daß alles vergeblich ist, die Vergeblichkeit ausgenommen!

39
Plötzlich trübt eine Zauberin die Wasser deiner Seele.
Deine Stimme verfinstert sich, dein Blick schweift
zerstreut, und das zerraufte Haar klammert sich an
die unsichtbaren Teilchen des Grauens, welche die
Luft schwängern. Die Hefen des Lichts entzünden
sich und erlöschen. Wer hat die Sinne in Brand ge-
steckt, wer hat dem wirbelstürmischen und sinnlichen
Schauder Todesglanz verliehen, der die Schlaffheit des
Fleisches aufspaltet wie in uralten Balladen mit Blut
in vergifteten Kelchen?
Lenzhaft wandeltest du unter den Menschen, und
siehe! der Blitzstrahl, der dir das Gekröse aufschlitzt

unter dem heiteren Himmel: so muß es vor Tötungen sein. Du badest in einem lichten Gift und, von einem Verschwinden zernagt, erbebst süß in dessen festlichem Bitter.

Welche Rade ist in deinem Herzen aufgeblüht, daß durch die Stoppeläcker des Seins du mit wollüstigem Unheil schweifst, gewandet in den funkelnden Purpur der Schuld? Und woher soviel Seligkeit, wenn du eine so schwere Bürde trägst? Durch die Zeit ziehen Gespenster, die aus der Zukunft kommen.

Geängstigt von deinen Ängsten, stürzt du zu den Anderen. Du suchst Feiern, Wein und Tanz und die Welt des Berührens. Und wenn du siehst, wie sie sich drehen, ihre Leere durch Gebärden und ihre Langeweile durch Bewegung betrügen, indem sie so tun, als ob sie die leichten Mittel vergäßen, mit denen sie den Abgrund des Atmungsvorgangs zuschütteten, sagst du dir unwillkürlich: Nur die sich entleiben, lügen nicht. Denn nur, wenn er stirbt, lügt der Sterbliche nicht. – Und so wendest du dich ab. Und sie tänzeln weiter, ob des Wirklichkeitsschattens froh, an dem sie sich einen Augenblick lang laben, indem sie sich der kostbaren Lüge hingeben. Warum sollten sie *aufwachen*, damit alles nicht ist? – Sind die Augen offen, verdunstet das Dasein. Die Menschen schließen sie, um es zu bewahren. Und wer gäbe ihnen nicht recht? Angewidert vom Sein, das der klare Blick als fahl erscheinen läßt, wie solltest du dich nicht nach Lidern sehnen, verriegelt in alle Ewigkeit, mit der Lüge der frischen Wirklichkeit?

Kein Vampyr des Schierlings will ich mehr sein und auch nicht in stiefmütterlichen Kräutern mir die Stärke der Augenblicke pflücken. In der Seele verrosten Denkmorde und Kadaver, die den Himmel umschlangen. Würde, wer die innerlichen Totenäcker erbräche, seine eigene sichtbare Tiefe überleben? Wir nehmen uns hin, weil wir Grabsteine auf unsere Fäulnis gelegt, Nägel ins Tor des Herzens geschlagen und dessen Ödland haben grünen lassen. Die Landschaft der inneren Hölle könnte Dolche in die Hand des Ekels drücken, die sich in uns drehen würden. Darin ist der Erzengel Gevatter, und um die Brüste ringeln sich Eidechsen, der Eiter rinnt ins Lächeln der Jungfrau, und der Schatten einer Blume ist nicht reiner als das Schimpfen der sublunarischen Schlampe.
Unsichtbare Hexen, wühlet mein Blut nicht mehr auf mit bösen, in der Luft versprühten Säften. Enthext mich von dem Bannfluch, mir selber durchsichtig zu sein. Kannte ich mich nicht auch ohne euren Beistand? Warum versenkt ihr mich in die Sümpfe der Geheimnisse? Hebt das Gift des Raumes auf, ich kann es nicht endlos aufsaugen. Oder wollt ihr euch in der Hölle der Kreatur suhlen und das unschuldige Weltall in Hurenspucke verwandeln?

40
Die Materie will schlafen. Laß sie in Frieden. Laß sie auf den Grund sinken, auf daß sie in sich selbst ertrinke. Allzusehr hast du in dir selbst gepflügt. Welches Samenkorn sollte noch in den vom Odem der

93

Unfruchtbarkeit überwältigten Nährgründen gedeihen? Der Tod hat in einbalsamierten Geweben mit
dem Träumen aufgehört. Mumie, in der Leidenschaften aufstöhnen, wann werden die Binden zerreißen,
die dich in Ewigkeit zerrütten? Der Schlaf reißt – mit
grausamer Sanftmut wie Schritte von Sterbenden –
das Mauerwerk des Ichs nieder und führt es sachten
Ganges zurück zum Zauber der Ur-Abwesenheit.
Das Wanken der Materie taucht dich langsam ein ins
Gefilde der Ungeschiedenheit des Seins von seinem
Widersacher. Und der Tod senkt sich über dich.
Ich zündete Kerzen an: aber sie erleuchteten mein
Leben nicht. Der Trauerflor des Geistes hüllte die Ei-
lande der Hoffnungen ein, und ich schluchzte auf
dem Katafalk der Welt.
Meinen Mitmenschen gehe ich aus dem Weg, denn
zuweilen würde ich selbst an Kleopatras Reize die
Axt legen. Auf den Brüsten von Weibern träumte ich
von spanischen Klöstern, und ihr von Gedanken un-
begatteter Leib erhob sich wie Pyramiden, unter denen ich pharaonische Sagen spann. Welche Bedeutung
hast du ihren luftigen und bestialischen Umarmungen, ihrem dürstenden Delirium abgewonnen, ließ
dich doch alles das am Ort deines Aufbruchs zurück?
Sie legen dich in der Leere nieder. Ohne das falsche
Absolute des schwachen Geschlechts hätte ich mich
nicht gedemütigt auf der Suche nach dem Himmel.
Unterirdische Gesichte umlauern die Stirn, gegen
leere Schädel lehnt sie ihr Grauen, und das Herz
steckt mir im Leib wie der Ring am Finger eines Ge-

rippes. Und ich renne mit der Fackel in der Hand,
Läufer in olympischen Höllen, und suche mir den
Tod.

41

Nationen ohne Hochmut leben nicht, noch sterben
sie. Ihr Dasein ist schal und nichtswürdig, denn sie
verausgaben lediglich das Nichts ihrer Demütigung.
Nur die Leidenschaften vermöchten sie aus dem ho-
mogenen Schicksal herauszureißen. Doch Leidenschaften haben sie nicht.

Wenn ich meine Augen zu den Gegenwärtigkeiten
des Vergangenen wende, entzücken mich von allem
Gewesenen nur die Zeitalter von monströsem Stolz,
gigantischer Provokation, siegesfroher Unseligkeit, in
denen der machtüberdrüssige Geist seinen Überdruß
durch die Suche nach gewaltigerer Macht heilte. Kann
sich jemand vorstellen, was im Bewußtsein eines römischen Senators vor sich ging? Soviel Sucht nach
Herrschaft und Reichtum hat ein Volk auf schwindel-
erregende Weise erschöpft. Aber so kurz es gelebt hat,
es hat die Ewigkeit der namenlosen Völker an Kraft
übertroffen. Die Sucht nach Geld, nach Luxus, nach
Laster, dies ist Zivilisation. Ein einfaches und recht-
schaffenes Volk unterscheidet sich kaum von Pflanzen. Indem du die Natur vergewaltigst, wächst du
über dein naturgegebenes Gesetz hinaus. Und wirk-
sam lebst du nur, indem du abstürzt. Alles, was dem
Hochmut entspringt, ist kurzlebig, aber die unendliche Inbrunst macht die Winzigkeit der Zeit wett.

Dem römischen Senat war Rom mehr als die Welt. Deshalb hat er sie beherrscht, erniedrigt, besiegt. Ein Volk – und vor allem ein Einzelwesen – ist nur dann schöpferisch, wenn es ablehnt, was nicht es selbst ist, wenn es nur sich selbst mißversteht.

Indem du andere begreifst, wirst du zu einem weisen und vernünftigen Gallert. Aber du zeugst nichts mehr. Verstehen ist das Grab des Einzelnen und der Gemeinschaft, die sich nur mit verbundenen Augen, mit brodelnden Sinnen *bewegen*.

Die Römer atmeten in ihren Gesetzen *absolut*; sie wurden nicht mit anderen verglichen, denn andere *konnte* es nicht geben. Ihr Typus von Menschlichkeit war die Menschlichkeit selbst. Republik oder Cäsarismus – zwei Formen eines und desselben Hochmuts, zwei Arten, zu befehlen: in der ersten setzte man sich *juridisch* an die Stelle des Weltganzen, in der zweiten *subjektiv*. Das Gesetz und die Caprice entschieden – gleichermaßen – über das Schicksal der Anderen. Der Abstand zwischen einem rumänischen Bauern und einem römischen Senator – oder von der Natur zum Menschen.

Das Kaiserreich hat begonnen, zu verfallen, als die übermüdeten Einzelnen nicht mehr hinreichend Kraft besaßen, das Weltall zu ersetzen, als dieses zur *Wirklichkeit* ward und die Römer sich selbst *äußerlich* wurden. Der Verfall ist ein Werk des Verstehens, des Exzesses an Perspektive. Du hast nicht mehr den irrsinnigen, unendlich schmalen und unendlich schöpferischen Antrieb, nur *du selbst* zu sein. Indem die Welt *ist – bist* du nicht mehr. Die morgenländischen Religionen drangen in Rom ein, weil dieses sich selbst nicht mehr genug war.

Das Christentum – der *uneleganteste* Glaube, den es jemals gab – war nur auf Grund des Ekels vor dem Luxus, vor der Mode, vor Spezereien und erlesenen Abirrungen möglich. Hätte Rom nicht mit soviel Inbrunst gelebt und sich nicht so eilfertig verausgabt, der Ruin seiner großartigen Selbstherrlichkeit hätte sich verzögert, und das christliche Gesetz wäre das mitnichten beneidenswerte Vorrecht einer Sekte geblieben. Wir hätten so das Glück gehabt, in den Genuß irgendeines anderen, sinnlicheren, poetischeren Glaubens zu kommen, mit Grausamkeiten in der Kunst und trostreichen Vergeblichkeiten.

Daß Rom so tief sank, daß es sich mit soviel Kraft verleugnete, indem es das orientalische Virus zuließ, welch verneinendes Zeugnis seiner ehemaligen Größe! Denn es versagte nicht; sondern stürzte. Nur Zivilisationen mit geringem Hochmut verlöschen langsam. Die mit den Kräften des genialen Geschicks begnadeten, in ihrem Kern *Krankheiten der Natur*, rauschen dem Ende entgegen. Das Christentum legte dem Durst der Römer nach Agonie Flügel an. *Ästhetisch* sagt es uns noch zu.

Wenn der Dämon des Ruhelosen dir Probleme in die Instinkte träufelt, so lerne von den Römern des imperialen Untergangs, was ein *dekadenter Kämpe* ist. Ohne Hoffnungen zu zappeln, den Ruhmesglanz benommen zu lieben, scheinheilig in den Arglosigkeiten zu sein! Es ist das einzige mit Geist zu vereinbarende Heldentum, die einzige Form, *zu sein*, ohne die Intelligenz hinters Licht zu führen. Dir brenne das Blut – und deine Sehkraft sehe. Und du weißt, was sie sieht …

… Oftmals habe ich mir vorgestellt, wie ich vergrämt und verträumt durch das Forum und die Tempel wandle und die augenlosen Büsten der ironischen Gottheiten betrachte. Die Christen waren noch nicht gekommen, und die leerstehenden Herzen der Bürger zitterten nicht mehr angesichts der göttlichen Launen. Das Absolute war in Kunst zerflossen. Und frei mit ihnen, meiner selbst und alles Glaubens ledig, blühte ich auf in der Öde und zerschmolz in der Langeweile der enterbten Götter. Das Schicksal setzte mich außerhalb der Zeit. Bürger der Welt, Bürger des Nichts. Die Grabsteine erwiderten die aller Anbetung baren Schritte mit ersticktem Widerhall, und der Raum wurde zu groß, die Urbs hatte keine Mauern mehr, die Häuser wankten. Was sollte ich anfangen mit so viel Weite, warum so viel Imperium in dem Herzen, das nur mit Wahnvorstellungen der Burg der Zukunft entgegen pocht? Wurzellos, in der Wüste der Erde, bohrten sich meine Augen in die hohlen Augenhöhlen der Götter, daraus die andere Wüste saugend.

III

42

In dir gedeihen Samenkörner des Aussatzes. Das von Schlaflosigkeit verbrannte Fleisch läßt Gestänke brodeln, die den Knospen den Saft sanften Wachsens auspressen und ihn in grinsendes Schäumen umwandeln.

Lege deine Schläfen auf das ranzige Weib und schluchze den Paradiesen des Sterbens nach, ertränke deine Schauder ohne Namen in verwesten Rosen, hingestreut auf die Auszehrungen des Leibes.

Siehst du nicht, wie die Größe des Todes ihre Muße-Arme reckt, um deine ausweglose Mühsal zu zerbrechen? Das Leben ist ein Kunstgriff des Wahnsinns, und wer in seine Falle tappt, beschreitet einen Weg, den sein Blut aufgerissen hat.

Ich habe leben wollen und gelebt, wenngleich ich geahnt habe, daß es nicht augenfällig ist, daß ich bin. Wie soll ich ausharren in den Augenblicken, wenn die Geburt mich zum Henker der Zeit verurteilte?

Ich habe geliebt und mich geliebt. Aber alle Liebe ist sterbend aufgetreten: verschimmelte Blitze, Entrückung in vereiterten Innereien, Spürsinn einer warmen Schlange.

Gott, lasse des Todes Zeichen zu meinen Häupten. Dich zu betrügen, widerstrebt mir, und mich will ich auch nicht betrügen. Siehe, wie ich hier stehe. Hast du je einen im Bösen sanfteren Sohn gehabt? Soll ich mich dem Vergessen anheimgeben mit deinen Töch-

tern? Es grüne das Ende auf meinen endenden Jahren.
Denn die Augenblicke, die du mir gegeben, sind
schwarze Geschwüre, deren Frucht Schatten wirft auf
die Welt der Schöpfung und die Hoffnung des Geschöpfs. Durch sie sehe ich dich, durch ihr verfinster-
tes Auge. Und du verlangst, daß ich dich liebe? Deine
Gestirne werde ich ersetzen durch der Seele Wunden.
Warum säen wir keinen Aussatz im Himmel aus, um
dem unwissenden Azur eine andere Gestalt zu verleihen? Ich wünschte mir einen Regen vergifteter Tropfen aus den Gründen des Himmels, denn mein Herz
schmachtet nach Sternenkrankheiten. Ungeheilte Gestirne, reißet euch heraus aus eurem Sinngefüge, zer-
mahlet euer Böses im Siechenhaus meiner Sinne, ent-
leeret euch des Himmels in der Hölle des irdischen
Einzelnen! Oder sucht euch nicht das heimliche Bedürfnis nach Unheil heim?!

43
Die Dummen bauen die Welt auf, und die Gescheiten
reißen sie nieder. Um die Lumpen des Wirklichen zu
flicken und die kümmerlichen Dinge zusammenzu-
stoppeln, darfst du nicht den schuldhaften Argwohn
des Geistes hegen, und die Wangen müssen dir entge-
genlächeln wie die Äpfel vor der Versuchung. Sobald
du erwachst, bereicherst du dich zu Lasten des Seins.
Es nimmt ab, denn es gibt für dich, den von Fangnetzen der hellsichtigen Zerfaserungen des Verstandes
Erfaßten, nichts mehr zu schaffen. Das Sein ist von
jeher armselig. Wir können ihm nur als *Unwissende*

beispringen. Seiner ursprünglichen Armut setzt die Unwissenheit die Flicken des Wahns auf, die allenthalben die Leere verdecken. Das Dasein ist die Frucht des unversieglichen Wohlwollens des Nichtwissens. Wenn wir aus dem *Ist* erwachen, leidet niemand mehr als dieses. Wir haben es geweckt, es zu seinem Nichts berufen. Das Leiden des Seins ist Erwachen aus dem Sein. Wir lassen die Mitverschworenheit mit ihm nicht mehr zu, die unabdingbare Bedingung des Atmens. Stumpfsinn? An der Welt *teilhaben.*

… Und uns – Gassenjungen im ausgedehnten Nirgends – verbleibt die Verneigung vor dem Altar eines ragenden Nichts. Tot können wir nicht sein. Durch den Verstand haben wir das Leben geseiht. Es ist durchgeronnen und hat uns die Leidenschaft zurückgelassen. Ein *All* ohne *Ist.* Deshalb sind wir lebendig und lachen über den Glauben; wir sind kraftstrotzend und flattern durch alles hindurch; böse und unsagbar verständnisvoll – und wir brennen weiter, wenn alle Flammen verloschen sind. In der Unmittelbarkeit eines fleischlichen Nichts machen wir den Sinn des Pulsschlags ausfindig. Denn der Verstand gestattet dir, nur in der Zeitspanne der Verzauberung eines blutrünstigen Nichts zu leben.

Könnten wir uns doch in der Sonne der Stumpfheit rekeln! Welche Wirklichkeitswärme würden wir nicht ausstrahlen in einem eingebildeten All? Denn der sanfte und süße Stumpfsinn ist ein Quell der Schöpfung, der sich aus den Brunnen des Schöpfers nährt. Die Welt ist des Unwissens Sproß.

Wie ein Raubtier, verloren in den Lieblichkeiten des
Seins, findest du nirgends deinen Frieden. Die Kluft
zwischen der Seele und den Sinnen setzt das Schicksal
mit dem Unheil in eins. Alle Gelüste zehren an dir.
Im absoluten Nichts – erschüfe das Auge Weiden, das
Ohr Klänge, der Geruchssinn Wohlgerüche, das Getast Lüste – denn die Wünsche fügen ein Weltall zusammen, das der Verstand unausgesetzt verleugnet.
Die Seele sagt: Nichts; die Sinne: Wollust.
Du bist zernagt von Schmerzen, und die Begierden
berauschen sich dadurch an der Welt. Vergebens lehnt
dein Denken deren Bauwerke ab; die Leidenschaft
stützt sie weiterhin. Der Wunsch sondert die Welt
ab – und die Vernunft breitet mit vergeblicher An-
spannung eine Unwirklichkeitshülle über die Da-
seinsgefüge der Sinne.
Spürst du nicht, wenn du dich gnadenlos ins Nichts
versenkst, daß das Nichts *ist*, daß es atmet, erschau-
dert und aufwirbelt? Der Fluch des Seins ist nicht
schwächer als der des Nichtseins. Welchen Frieden
würdest du nicht erlangen, wenn du dich, ruhig oder
zornig, einem von beiden anheimgäbest? Aber in der
Seele und in den Sinnen pochen gleich starke Kräfte.
Du wirst keine Häfen finden, in denen du deinen Irr-
fahrten Einhalt gebieten könntest. Du willst sterben!
Aber ist jemals mehr Unsterblichkeit gewesen als im
Todesgedanken oder mehr Ewigkeit als im Sehnen
nach dem Ende?!
Auch ich werde ein Aas sein, mit euch allen, Gefähr-

ten in der Bodenlosigkeit, aber nicht wird der Grabstein ein Herz zerdrücken, das nicht in der Flamme gestorben wäre. Vom Leben entzauberte Glieder werden ruhen in der ewigen Rast; nicht wird das Grab Zuchthaus einer Seele sein – Zeichen des Staunens, das eine Erde und einen Himmel vereinte.

Kerker des Stolzes ist der Tod, aber er ist ohnmächtig, wenn Feuer seine Riegel einschmelzen. Die Schauder des Menschen werden ihm die Tore aufschrauben, die sich vor den Augenblicken des Lebens schließen.

Wer keine Kräfte in sich spürt, um entschlafene Herzen in den Friedhöfen der Zeit aufzustacheln, wer nicht fühlt, daß er die Treppe ist, auf der die verbannten Engel niedersteigen oder auf der die Unruhe der Verdammten hinaufsteigt, um mit der Stille des wüsten Azurs die Kommunion zu empfangen – jener hat, noch ehe er die Eingeweide der Geburt verlassen, als Knecht des Todes am Abendmahl teilgenommen.

Sei wie eine Blüte, in deren Stengel ein ermatteter Blitz dahinsiecht. Lausche begehrlich schwarzen Melodien und pflege in deiner unschuldigen Finsternis die Rekonvaleszenzen des Teufels.

Zerschlage mit Musik die Ehre und Beständigkeit des Gestirns, führe es an die Verruchtheiten der Seele heran, wandle seine Glut in Verderbnis, auf daß die Strahlen, die es auf sich selbst zurückwendet, es als trügerischer offenbaren denn das Herz.

Sterbliche Frauen haben nur zwei Arme. Und hoffen dich damit zu fangen. Und flüstern dir Worte für ein beliebiges Herzchen zu, hüllen dich ein in zufällige Liebkosungen, und du liegst entflammt und wach darnieder, Scherbe der Weltseele. Sie wissen besser als wir, daß die Liebeslügen der einzige Seinsfirnis sind im nicht enden wollenden Unwirklichen. Und sie nutzen über alle Maßen die Erpressung des Daseins aus, die ihnen die Natur erleichterte. Wir tappen in die Falle und schänden das Unendliche, dessen wir nicht würdig gewesen sind.

In dir beweint die Welt den Bruch mit der Ewigkeit – und die Passantinnen treiben dich in den Wahnsinn. Wie könntest du eine so schmerzhafte Entzweiung besänftigen? Du haßt das Werden und liebst die Frau. Wie die Zeit ist die Ewigkeit nacheinander Sünde und Erlösung. In der Nähe des Fleisches träumst du von den Weltgründen, in deren Schatten aber von der Nachbarschaft des sterblichen Rausches.

Dich einschränken, das kannst du nicht. Wie könntest du Pfähle um dich her einschlagen, wenn schallender Windhauch dich über – des Todes Eingrenzung hinaus erweitert?

Zernagt vom Sich-Sträuben im Schicksal und von Brüchen im Geist, hüllst du dich ein in den Gesang des Widerwärtigen. Entrinnen kannst du nicht mehr. Alle Enden lauern dir auf, und alle Tode wirst du sterben.

Gibt es einen Pfad, auf dem du nicht verwundet worden bist? Das Herz schlägt in siecher Zeit. Du erfährst dich in Augenblicken, und die Augenblicke erkennen dich. Eine Endlosigkeit von Dornen wird das Werden. Die Quellen des Lebens sind besudelt, und in den Brunnen der Seele verschimmeln schwarze Wasser. Wie könntest du darauf eine Irrenanstalt des Gehirns errichten? Geist wie Zeit sind verfault. Waise des Seins und von dir selbst verlassen, ist der Wahnsinn ein sichereres Obdach als der Tod – in der Welt, wo der Verstand keine Zuflucht gewährt.

Das Leben mit Erbitterung lieben – und dann streunen und dich selbst um Selbstmitleid anbetteln in der grenzenlosen Abwesenheit, die deine Leere ersonnen hat, niederträchtiger Gärtner des Nichts, Säer von Veilchen und Eiter ...

Der Mensch ist ein Saatfeld von Mißverständnissen, in dem die Rade ebenso gedeiht und gleißt wie Getreidekörner. Und aus Mißverständnissen ersteht das allergrößte: ein sinnlicher Heiliger.

46

Der Tod tropft mir auf den Scheitel. Tropfen um Tropfen. Und im uferlosen Raum kann ich mich nirgends verstecken. Ich habe kein Wohin. Der Tod zerfasert sich, vom Himmelsgrund herabhängend, im Gewölk des Nichtseins nähert er sich dem kühnen Gang, indem er die lotrechte und nutzlose Zuversicht unterwühlt.

Soll ich mein Grab in die Weiten bohren? Das ist aber wiederum seine Obliegenheit. Warum ihm zuvorkommen? Er hat es in die Seele gebohrt. Und darin sieche ich seit langem. Und wache darüber mit all dem Gewürm.

Ich schreite auf einer Materie, die ein Totentuch ist. Die Füße sind darein gewickelt und, will ich die Gewölbe seraphischen Gleichmuts mit Händen umfangen, so verwickle ich mich darin und kann nicht emporfliegen. Ich habe nur hinabführende Pfade. Das Schienbein ward ranzig in der Hefe der Ewigkeit, aber jene Zeit, die immer noch in dir atmet, drang durch Totenäcker, und in den Augenblicken, mit denen du dich brüstest, keuchen Verblichene.

47

Ich unterdrücke mich unter den Firmamenten. Die Seele führt den Himmel auf die Seele zurück. Wohin ich blicke, ich erblicke mich selbst.

Das Entsetzen ist die Brücke zwischen Sehnsucht und Schöpfung. Welche Fassung soll ich darin bewahren? Die Gegenwart hat sich herausgebrochen aus der Zeit, und die Zeit erbricht ihre Augenblicke wie ein Kranker den Inhalt seiner Gedärme. Jetzt, jetzt, alles, was jetzt ist, ist ein Übel, und was gewesen ist und sein wird, eine eingebildete Arznei gegen ein zermürbendes Gebrechen.

Der Bannfluch ist dein Bett. Die Sonne erleuchtet ein Nachtasyl für aufgeblasene Bettler. Vertraue deinen Hochmut dem ewigen Niemals an, nähre deinen Durst von dem Blut, das dich noch auf einer Stufe mit den sogenannten Lebewesen hält. Dein Herz mache zum Kelch des letzten Schlürfens, ehe der Raum, in einen Dolch verwandelt, dir eroberungsreich zulächelt.

Zerbrich die Ketten der Tollwut; belle Gott nicht mehr an. Willst du Ihm mit deiner Galle noch einen Lichtkranz aufsetzen, Ihn noch hochmütiger machen durch Giftverzückungen? Überlasse Ihn lieber seinem eigenen Ratschluß. Er wird sich durch sich selbst verlieren – wie du. Er ist verwester als wir alle. Sind die Gestirne nicht Glühwürmer Seines Zerfalls?

Wie ein Wurm ohne Kadaver, ohne Beschäftigung, der in Psalmen seinen Todesdurst rückläufig singt, so sollst du an horizontlosen Horizonten entlangkriechen. Einsam. Einsamer als der Speichel eines Teufels.

Von allen geschmäht, grabe dir dein Grab in der Schmähung. Mache dir aus den Tränen einen Sarg, aus dem Irrsinn ein Pfühl.

Wenn du Worte fändest, die du zu einem Gebet zusammenschweißen könntest, das den Gebeinen der Toten Schauder und Groll einhauchte und deren Kiefer in der Kadenz der unterirdischen Ewigkeit klappern ließe! Aber Worte findest du nicht und kannst du auch nicht finden. Das stumme Gift breitet sich in den Leiden der Stimme aus. Nur das Herz klopft noch ans Stundenholz beim Totenamt des Verstandes.

48
Ihr unendlichen Tage, wie könnte ich euch verlieren? Die Trübsal eurer Seligkeit kann ich nicht mehr ertra-

gen. Aufbrechen zu anderen Tagen, mit andern Gewölben, noch weniger. Himmel von Paris, unter dir möchte ich sterben! Deine Verderbnis ist mir vertraut: keinen Willen habe ich mehr.

Zuviel habe ich gewollt, unter deiner schlaffen Obhut, und all die Jahre, die ich unter dir umhergestreift bin, schälen mich ab von dem, was ich sein sollte. Die Zukunft erlischt in meinen Augen, die dich fern von den Zeiten aufgesogen.

Ich habe dich nicht gedemütigt, indem ich von andern Vaterländern träumte, und in der Verzückung habe ich mich nicht in Wurzeln und Sehnsüchten des Bluts erniedrigt. In dessen Gurgeln sind vom Pflug gekrümmte Völker verstummt, und keine Wehklage der Bundschuhe trübt die Melodien deiner Wolken, die im Menuett der Zweifel schweben. In deiner Heimatlosigkeit habe ich den Stolz des Umherirrens gespiegelt, und die Verzweiflung – Hymnus wider die Zeit – legt die Blutungen eines Strahlenkranzes an.

Das Leben ist eine Unsterblichkeit von Schwermut. So dünkt mich das letzte Flüstern deiner Lehre. Hast du je einen treueren Zögling gefunden als mich? Selbst wenn das Schicksal mir das Verlöschen in anderen Himmelsstrichen verordnet hat, unter dir will ich verlöschen. Mein allerletzter Blick wird in deinem Angesicht erschaudern. Und du wirst mir erwidern, du Banner der Sonnenniedergänge, und mein Untergehen umwehen.

49

Wie ein Überlebender einer großen Seuche, die Geliebte und Freunde verschlungen, durchziehst du die Stunden und besonnst sie mit verpesteter Eleganz.

Und wie eine Orgel, die von selbst auf den Trümmern eines Domes spielt, erklingen die Akkorde deines Herzens im leerstehenden Weltall.

Das Unendliche hat keine Mitmenschen; in deren Abwesenheit dehnt es sich aus. Das kosmische Seufzen vergißt das trügerische Endlos der Brüste, auf denen das kaum vernehmliche Schluchzen der Nichterfüllung gerinnt. Wenn die Welt erlischt, erlischt auch die Liebe zusammen mit den Mägden der Welt.

Schauder der Verheerung durchwüten ehemalige Liebe, und von Lippen, die den Odem des Lebens einsogen, träufelt ein durch Galle geflossener Honig.

... Warum habe ich nicht meine Stirn in die Schlaffheit des Fleisches versenkt und meine Gedanken nicht im süßen Schweiß der Materie gewälzt? Ich hätte meinen entheimateten Traum in alle Ewigkeit in die weltliche Lagerstätte des von der Zeit verzauberten Seins betten sollen! Nach Ewigkeiten habe ich gelechzt, als das Weib *hier* war. Das arme Unendliche zu zweit! Der Stolz tötet die Reize ohne Bestand.

Auf jenen Brücken, wo die Begierde auf die Gefährtinnen der höchsten Lüge wartet, erspähe ich nur noch die Gestade des Unwirklichen, zwischen denen ich mir ein Zelt, gewoben aus Stimmen der Nutzlosigkeit, aufgespannt habe, bis die Wasser gnädig anschwellen und sich erbarmen, meine Melodie und ihr unermeßliches Sinnlos zu zerschmettern.

50

Ich habe meine Seele vergebens verausgabt. Welcher Artgenosse war je ihrer Flamme gewachsen? Und welche Artgenossin? Hinfort will ich Asche auf die Frühlinge anderer streuen. Und ich selbst werde mich unter der Asche des Herzens und der Liebe begraben.

Empfindungen und Ideen, soviel ist mir geblieben. Denn geblieben bin ich außerhalb des Ichs. Keinerlei Empfinden ziere die Wüste der Lebewesen um mich her, und es sterben die Gestirne, von denen ich in ihren Augen träumte, es erlösche der Himmel auf dem Grund der Inbrunst. Die Hölle überfalle das Ideal, unter ihm sollst du stöhnen, du lächerlicher und vergrämter Wanderer, der du aus dem Blut die Essenzen der Zauber gewrungen und das Nichts krönende Kränze! Die Tüchtigkeit deines Schauders, den niemand erwiderte, dem niemand entgegenlächelte, hast du zermahlen. Lasse deinen Schädel ins tränende Sein schleichen, zertrümmere ihn an der Materie des Weinens, töte deine Zukunft in den durchwachten Nächten des Schluchzens. Auf der kahlen Zeit gleiten Weltabwesenheiten, und von dem bleichen Leben bleibt nur ein stimmloses Wehklagen übrig, eingesikkert in die Schluchten des Verstands.

Steige von dir herab auf der Leiter verhängnisvollen Erwachens in die Burg, die durchdrungen ist von

klangvollem Windhauch und allerletzten Andeutun-
gen. Und du sagst dir ohne Rührung: Worin mich
ertränken? In der Seine oder in Musik?

IV

51

Das Wesen der Dauer ist Langeweile und das des Kampfes in der Dauer Verzweiflung.

Die Menschen glauben an etwas, um zu vergessen, daß sie da sind. Indem sie sich unter Idealen verscharren und in Idolen einnisten, schlagen sie die Zeit mit allerlei Glaubensgewißheiten tot. Nichts täte ihnen grausamer weh, als auf der Halde behaglicher Blendwerke im Angesicht des reinen Daseins zu erwachen.

Verzweifeln? – Interjektionell leben. Deshalb ist das *Meer* – flüssige und unendlich umkehrbare Interjektion – das unvermittelte Urbild des Lebens und die unmittelbare Verleiblichung des Herzens.

Weder Gesundheit noch Krankheit: zwei *Abwesenheiten*, die das Vakuum der Langeweile ersetzt.

Das Weltall hat keinen andern Sinn als den, uns zu zeigen, daß wir es, schmilzt es dahin, durch Musik ersetzen können – durch eine *wahrere* Unwirklichkeit.

52

Hinabgleitend auf dem Geröll der Gedanken, hast du allzu oft das Dasein angeklagt. Es hat mitnichten gesündigt, es sei denn vielleicht dadurch, daß es nicht da ist.

Laß die Quellen der Anschuldigung im bitteren Geist versiegen. Versüße das unermüdliche Gift und den leichtfüßigen Zynismus des Fleisches. Liebe mit träumerischer Ungehörigkeit die Sinnleere des Schicksals. Nutzloser noch als ein Schweifstern in einer Welt ohne Vorzeichen und vergeblicher als das Schwert eines Erzengels in einer himmellosen, lustwandle mit deinem nichtsnutzigen Schicksal und salze das Mark des Wahns mit der Blendung eines Menschen, dem die Mängel des Ganzen nicht fremd sind. Mit den Blendungen eines *Zügellosen.*

An den Wurzeln der Täuschung saugend, berausche deine Erdichtungen des Wachens mit dem falschen Wissen des Seins. *Sei* ebenso, wie das Sein wäre.

53

Seligkeit lähmt mir den Geist. Die Erfüllung im Leben entleert mich meiner selbst, und das Glück der Liebe verwischt die Spuren der Größe. Das *Ich*los der Seligkeit ...

Nachdem du – bis zur Erschöpfung – das Bewußtsein in der Wollust eingebüßt hast, wie gewittrig strebst du dann erst nach den Schüttelfrösten der Loslösung! In deinem Gelaß allein ausharren können: ohne Welt, ohne Geliebte, die Süßigkeit des Unglücks einschlürfend! Und von keinem Ideal eingezwängt, mit Augen, denen das Dasein ausgepreßt ist, weite die Müdigkeit deines Traums jenseits des Himmels aus!

Herabgerollt in die Welt, zehrst du, weil du keine Nahrung darin findest, von der Substanz der Verbannung.

Wahres Leben ist nicht in der Gefaßtheit, sondern im

Riß. Weil das Weltall die Wunde des Herzens nicht heilt, muß ich mich unter Sternen am Fieberwahn berauschen. Denn weder Schultern noch Gehirn ertragen die Bürde des Unergründlichen.

Durch die Ideen weht der Odem des Schicksals. Und die Logik, zu der die Leere des Denkens hinstrebt, wankt. Die Seele zermalmt die Kategorien. Und der Kosmos wird zur Marter.

54

Damit wir durcheinanderwirbeln, dehnt sich die Erde unter unsern Füßen. Ich habe aufwärts geblickt, ich habe abwärts geblickt und in die anderen Ausdehnungen des großen Wohin und in allem den Schaden meines Lebens entdeckt.

Indem ich meine Sinne zermürbte, glaubte ich mein Wachen zu zerdrücken. Und erwacht bin ich nach Umarmungen in grausiger Lichtheit.

Liebkosungen wollte ich, und so verschärfte ich mein Verlangen nach Macht. Und ich wachte auf als Knecht der unheilbaren Bedeutung des Geistes.

Durch Taumel habe ich versucht, mir die Augen zu stopfen. Und die Sehkraft hat sich heftiger erregt in den ausgedehnten Weiten.

Die blind auslaufenden Pfade des Verstandes haben ihn mir noch unbarmherziger entdunkelt.

Weder Ruhm noch Weib noch Einschlürfen haben mir den Weg der Verhinderung und Unterjochung im Geist leergefegt. In meinen Augenblicken herrscht Wirrwarr. Keiner hängt mehr mit dem andern zusammen. Ihre Kette ist zerbrochen, und in meinem Ohr knirschen die Glieder der Zerfaserung …

… In wessen Hand soll ich mein Wesen niederlegen? Und wem die Ehre der Entmutigung vermachen?

55

Aus der Idee möchte ich mir ein Bett zimmern, darein versinken, in einer abstrakten Beklemmung das Stammeln des Herzens zerschlagen. Seiner bin ich überdrüssig. Und mehr noch seiner *Wange*, der Seele.

Aus Empfindungen quillt Ekel. Im Grunde des Herzens gibt es nur Eiter und die Weite warmen Gestanks. Zu einem Geist, vom Saft des Lebens umspült und von der Hefe des Empfindens, zu einem Marmor des Denkens, von der Seele abgelöst, will ich meine Andersheit kehren.

Kein Anflug einer Gefühlsregung möge den Blick der Vernunft trüben. Lange genug warst du ein Tenor des Scheins. Suche jetzt in dir selbst – ohne Singsang – die Rauheit der Abscheidung, wie ein Igel des Geistes. Betrachte die Zufälligkeiten in anderen und in dir selbst, als gehörten sie niemandem, blicke gleichwie ein von der Bosheit angewiderter Leibhaftiger, wie ein müßiger Leibhaftiger. Und das über die objektive Kälte des Geistes erschrockene Werden möge seinen Gang in alle Ewigkeit hinauszögern.

56

Gemeinhin wähnen wir uns alle voll des Lebens und brüsten uns mit Bemühungen und deren Ernte. In

Wahrheit tragen wir einen leeren Sack auf dem Rükken, den wir dann und wann mit Brosamen des Wirklichen füllen. Der Mensch ist ein Bettler um Dasein. Ein lächerlicher Tagelöhner im Unwirklichen, ein Stümper des Seins.

Du richtest dir ein Gehäuse in der Welt ein. Du wähnst dich von ihr befreit. Ringsherum siehst du nichts mehr. Und dünkst du dich am einsamsten, so hat das Gehäuse kein Dach. Wohin sollst du spukken? Zur Sonne oder zur Nacht? Du öffnest die Hände im Raum. Und die Finger kleben am Leeren. Sie haften nicht am Sein, denn das Sein lodert. Das Wirkliche ätzt, das Wirkliche schmerzt. Ein Martyrium ist das Atmen. Denn des Lebens Odem schwärzt sich im Ofen des Grauens.

57

Die Religion und vor allem deren Magd, die Moral, haben dem Ich – und mithin der Kultur – den Reiz des Vornehmen entrissen: die Verachtung. Das heißt, auf den Menschenhaufen, der dich für einen Menschen hält, *von oben herab* zu blicken. Es gibt keine *Iche*, sondern nur das Schicksal eines den Mitmenschen Ungleichen. Die Kultur – in der höchsten Form ihrer Verinnerlichung – ist eine Disziplin der Verachtung. Die *Anderen* müssen gestützt, beraten, dürfen nicht behelligt werden in ihrem von Erwartungen wimmelnden Leben. Keinesfalls darf man sie wecken. Sie werden niemals wissen, wie teuer die einzigartige Berufung bezahlt wird. Laßt den Menschen schlafen.

Da sich nur in Schwärmen schlafen läßt, ist Selbst-
flucht Süßigkeit des Schicksals. Der sich selbst durch-
sichtige Einzelne hat das Recht auf alles. Er kann
seinen Faden zerreißen, wann es ihm beliebt. *Schicksal* ist ein unausgesetztes Hinauszögern der Selbsttö-
tung.

Wachend über dein Leben, entschleierst du deinem
Stolz das Schicksal, das die Wegzehrung des Ichs
frißt, das Schicksal, dessen besiegter Herr du bist.

58

Als Kind hattest du kein Sitzfleisch. Du suchtest das
Weite. Du wolltest *außerhalb* sein, fern vom Zuhause,
fern von den Deinen. Ausgelassen blinzeltest du zum
Rand des Luftmeers und rundetest den Himmel nach
dem Maß sehnsüchtigen Begehrens.

Als du aus der Kindheit in die Philosophie gesprun-
gen bist, vermehrten die Jahre dein Grauen vor der
Gesetztheit. Die Gedanken nahmen Reißaus. Fernweh sickerte in die Begriffe.

Das Gehäuse drückt dich; du atmest – du Wander-
und Gassenphilosoph – nur an Kreuzwegen. Draußen, ewig draußen – im Weltall gibt es kein einziges
Bett!

Die abstrakte Langeweile zerrt die Leere des Leben-
digseins ans Licht, und so lauerst du in den Straßen –
als Totschläger der Augenblicke – dem Vergessen des
Denkens auf.

Du hast keinen Eifer, um einen Gedankenfaden zu
spinnen, ihn in den Halsschmuck der zarten Hoff-

nung einzuflechten. Zuletzt verfault das Aas des Lebens. Und wer in deinen Schritten liest, entdeckt darin den Mörder.

59

In den Dingen nicht mehr sehen, als sie bergen. Sehen, was sie sind. Nicht du selbst sein in ihnen. *Sachlichkeit* – ist der Name dieses Unheils – des Unheils der Erkenntnis.

Das Übel der Seele ist ein geistiges Übel. Es ist der zum Herzen hinabgestiegene Klarsinn. Du kannst nichts wählen, denn deinen Neigungen widersetzt sich die absolute Sehkraft des Geistes. Neigst du dich nach einer Seite hin, so entschleiert er dir die Welt als Raum von Gleichwertigkeiten. Alles ist identisch, das Neue ist *dasselbe.* Die Idee des Umkehrbaren ist ein theoretischer Dolch.

Und dann geht die *Leidenschaft* auf. Sie läßt die Weiten der innerlichen Dürre aufblühen. Die brausende Wut des Irrtums *wählt.* Wir atmen durch sie. Denn sie erlöst uns von dem allergrößten Übel: *vom Übel der Unparteilichkeit.*

Hellsichtig kannst du nicht leben, kannst du für niemanden *Partei* ergreifen, kannst du an nichts teilnehmen. Indem du *begünstigst* – das heißt *falsche Absoluta* setzt –, lebt der Saft des Werdens in den Adern wieder auf. Mit den Umständen der Welt zu sein, ist Eingriff der Subjektivität, der Feindseligkeit gegen die Erkenntnis. Die Objektivität ist die Totengräberin des Lebens und das »Leben« des Geistes.

60

Denken – das heißt, daß dir Steine vom Herzen fallen. Ohne das Zugloch der Gedanken würden Verstand und Empfindung ersticken.

Aus einer kranken Fülle ersteht der Ausdruck. Du bist von Mängeln *positiv* überstürmt. Der Gedanke wird aus der Beharrlichkeit eines Unzulänglichen geboren.

Nichts brauchst du – und du trägst eine Bettlerseele mit dir herum. Etwas ist aus den Fugen geraten im Geist. Wie ein Bogen der Klarsicht über dem Trümmerwerk eines Kusses finden die Fügungen des Seins in deinem Vergessen keinen Halt. Herbst der Weltschöpfung, Ur-Untergang.

Die einzige Seite der Seele ist das *Abseits.* Eine Seele, die ihre Ausdehnungen verloren, die ihr Verderben überstürzt hat. Und ein Denker des unendlich Möglichen, ein Denker des Unmöglichen.

61

In der Krankheit beichten wir durch den Leib. Wir sprechen physiologisch. Weil die inneren Stimmen nicht alles Böse, über das wir verfügen, murmeln können, übernimmt der Leib die Aufgabe, uns die Unermeßlichkeit des Unheils unmittelbar mitzuteilen, für die wir keinen *Namen* gefunden haben. Wir leiden im Fleische wegen des Unvermögens, uns auszudrücken. Wir haben zuviel Gift, aber nicht genug Arznei im Wort. Die Krankheit ist ein nicht ausgedrücktes Übel. So fangen die Gewebe an, zu reden.

Und ihre Stimme, die den Geist durchwühlt, wird zu seiner *Materie*.

62

Von Geburt an schwebt der süße Fluch des privaten Daseins über dir. Unfähig zur Endlichkeit, ewig im Angesicht deiner selbst und der Endlosigkeit. Weil du die Angelegenheiten der Anderen nicht verstehst, verrückt dich niemand aus der Ichsucht des Atems ohne Grenzen in dein Gehäuse. Du hast immer von einem Zuhause geträumt, worein das Weltall dringt. Unter deinen Lidern verfaulen die Gattungsgefährtinnen, hingestreckt von dem Laster des Unendlichen. Das ist das Übel der Sinne. Es mordet die Liebe, die von ihm herzurühren wähnt. Zwei Augen schauen dich an – du blickst weiter; zwei Arme umschließen dich – du verschleierst den Raum; ein Lächeln sickert dir in den Leib – du siechst den Gestirnen entgegen.
Niemand ist der Schatten, den das Unendliche ins Herz wirft. Das Unendliche ist der Urgrund unseres Privatdaseins. Und es ist auch der Grund des Spiels in der Liebe, des Schauspiels in den Leidenschaften. Du glaubst, Mädchen und Sterbliche zu betrügen – nichts flößt uns mehr sterblich Absolutes ein als ein junges Mädchen –, und betrügst dich selbst. Kopflos sein – kraft des Unendlichen …

63

Ich erinnere mich, irgendwann ein Kind gewesen zu sein. Mehr nicht. Mir die Sanftheit des Lebensschlafs wieder vorzustellen, das versagt mir mein Gedächtnis. Eher sehe ich mich unter den Scherben des Verstandes stöhnen als *vor* ihm. Nichts überlebt die Zeit, in der ich der Bedeutung *harrte* …

Aus der Kindheit fliehend, bin ich auf die Todesangst gestoßen. So begann ich, *zu wissen*. Und jene Angst wurde süßer im Wunsch, zu sterben. Und der Wunsch wurde durchscheinend in einer grimmigen Zerstörung der Seligkeit des sinnlosen Denkens. Wärst du unwissend geblieben, du hättest nicht den Kranz des Intellekts auf das lotrechte Aas gesetzt, und der neinsagende Stolz hätte dich nicht mit allen Banden der Kindheit entzweit. Die *Zeit* hätte nicht die Weisungen der Hoffnung erschüttert und wäre auch nicht schmarotzerhaft in deinem Saft gediehen. Doch sie hat den Seim deines Lebens besänftigt, und die warme Glut hat sie in der Weite der Langeweile stokken lassen. Ein *abstraktes Herz* – ist das Geheimnis der Langeweile. Ein Herz, durch das die Zeit geflossen ist und in dem nur noch Ideen hausen, vom Moder belauert, in ihrer unbefleckten Kälte angekränkelt.

Wo sind die Anbrüche des Lebens, du Analphabet des Guten, du Alleswisser kraft des Bösen?

… Und ich frage mich oftmals: Wie konnte ich es wagen, je Kind zu sein?

64

Einsam sein bis zur Sünde, die Absonderung treiben bis zur Schuld, keinen teilbaren Schauder der Vereinzelung kennen. *Kategorial* einsam sein.

Eine mörderische Kraft, die dem Geist entfährt, stachelt dich auf zum Höchstmaß an *Einzeltum* in dir. Das Weltall wird selbst zum Einzelnen. *Es holt dich ein.* Es sei denn, du hast es eingeholt …

Der Nachdruck des *Personhaften*, der uns als menschliche Gestalten zersplittert und in manchen bis zur kosmischen Ausrufung anschwillt, gebiert das Unbehagen im Sein. Ein Einzelner, der die Fassung aus Selbstübermaß verloren hat, ein Baum mit dem Wipfel im Himmel, der seine Wurzeln vergißt …, der Rauminhalt des Ichs übt Zwang auf das Unendliche aus, und die alles durchschauende und kritische Sehkraft ertrinkt im einmütig Einzelnen.

Den Selbsthaß liebend, schlängele ich meine Süßigkeit des Unheils unter dem Schutt der Zeit. Kein Windhauch von Wirklichem streife meine Stirn! Der Teufel blase seine Weisheit und sein Leid über ihre Runzeln, es dringe der Odem des Bösen ins Gehirn, in der Hoffnung sollen sich die Augenblicke umstülpen, und darin gründe er seine besinnungslose Zuchtlosigkeit. Das Irresein entrichte dem Verstand keinen Zoll mehr, sondern stürme ungehemmt über des Denkens Gefüge!

65

Die Tiefe einer Philosophie messe ich an dem Fernweh, das sie ausdrückt, das sie *flieht*. Das System von Reflexionen, das die Unzulänglichkeit jedes Ortes nicht verschweigt, befriedigt mäßige Atmung, behagliche Unruhe. – Von *etwas anderem* verfolgt, läßt das

Bauwerk der Gedanken die Leidenschaft des Streunens schrumpfen und versetzt der Besessenheit durch den Raum einen Dämpfer. Denken ist jedenfalls *innehalten.* Man sagt nicht von ungefähr: Ich hielt inne und dachte nach.

Die Angst, ins Abseits zu geraten, und der bluttriefende Zauber des *Anderswo* lösen die Antwort mittelmäßiger Instinkte aus, und vermittels theoretischer Zufluchten setzen wir uns gegen das unmittelbare Unendliche des Herzens zur Wehr. Ordnung im Denken hält das Herz nieder. Ordnung im Denken ist der Tod des Herzens. Wo wären wir, wenn wir es losließen? Sein Gesetz ist *nirgends,* und das des Systems – *hier.*

Indem die Gedanken aneinandergekettet werden, verschwindet die Gefahr. Und es verschwindet auch die Verflüchtigung des Ichs. Wir werden fest. Die hervorstürzenden Dämpfe des Geistes gerinnen. Die ausgefranste Eingebung gewinnt Umriß – und die Freiheit stöhnt. Und wie viel Schluchzen des Herzens im Verknüpfen der Gedanken steckt! Sie haken sich zu auf dem Kadaver des Endlosen. Sollen wir sie sich selbst überlassen, sie nicht mehr folgerecht erschließen, uns ins Endlos der Welt davonstehlen? Die Versuchung ist ebenso groß wie die Angst.

66

Das ist mein Blut, das ist meine Asche. Und das totenhafte Tappen des Verstands. Das Weltall ist geblieben – Schlafstätte für die Schlacke des Geistes.

Die Sonne ist im eigenen Licht und im himmlischen Sumpf verschlammt.

Den Überlebenden stehen die Augen still. Die Pupillen weiten sich nicht mehr vor Erstaunen. Denn nichts erstaunt noch im Raum.

Mir den Staub des Seins hinwegzuwehen, gibt es keine Winde mehr. Der Windhauch ist über sterblichen Gehirnen gefroren. Und die Herzen wispern in ihrer Versteinerung, gieren nach dem blühenden Grauen, zu sein. Wo sind die Tage, an denen der Irrtum schäumt? In der Welt irrt nichts mehr, ist nichts mehr. Denn die Welt hat sich in Wahrheit einbalsamiert. Das Weltall ist zugrunde gegangen – an *Wissensstoff* – an Blutleere. Kein einziger Tropfen Blut zuckt als Weltanbruch. Ins Blut hat sich die *Nachricht* gesenkt.

… Angeödet von der allgemeinen Auflösung, nimmt der Einzelne seinen Hut, seine Asche einschiffend zu einem anderen All.

67

Als trügen wir das Ich auf dem Rücken, dürstend nach der Abspaltung von uns selbst, fliehen wir die Selbheit wie eine höchste Bürde.

Die Luft, die in den Lungen rostet, ist von Gott ausgehaucht, und sein Schnaufen dringt ins Denken und verseucht dessen Keim mit krankem Unendlich. Auf Ansporn der göttlichen Zerfaserung stocken die Ideen in warmem und laugigem Brodem. Und kein lyrischer Stumpfsinn umhüllt das unbarmherzige Sterben.

Sollte das Bewußtsein nicht das Ich verfluchen? Der Geist seinen Grund nicht erwürgen? Das Wachen die Hoffnung nicht zerhauen?

Der Geist übergießt seinen Träger mit Haß, vergiftet den Einzelnen, der mehr sein wollte als ein Einzelner, zerstäubt die Materie, die ihn stützt. Das Ich ist das große Opfer, das Ich ist verhext.

68

Ohne die Vorahnung der Liebe und des Todes würde sich der Einzelne in den mütterlichen Innereien langweilen und enttäuscht an Brustwarzen ohne Zukunft muffeln. Aber er erwartet insgeheim die beiden Versuchungen, indem er von Kindesbeinen an Sein in Schein einspinnt. Die Liebe naht, die Liebe füllt die Jahre. Aber in ihrem verkrüppelten Unendlich erlösen die Risse die Augen zu *Anderem*.

Die schmerzhafte Neugierde verdichtet die Zeit, durch die wir auf das Lebensende zukriechen. Die Augenblicke werden zähflüssiger: die dichte Zeit des Sterbens … Und wie wir in den Lichtungen der Liebe das letzte Dunkel entdecken, birgt die Zuneigung ein Zwielicht, das die Leidenschaft in morsche Schauder umwandelt. Eine Ewigkeit, in der sich die Würmer letzen, ist der Zuneigungen Zwielicht.

Die Liebe kann uns vom Anderen nicht heilen. Und dieses Andere ist die verhängnisvolle Leidenschaft des Menschen. Bis zum Äußersten getrieben, enthüllt sie in den Urgründen etwas, das *sein könnte*, unheilvolle Rast der Neugier. Vielleicht würden wir Ihr den

Herbst des Herzens nicht zuneigen, wenn sie ein *wesentliches Unmittelbares* wäre, wenn wir den Überdruß am Zufälligen nicht ertrügen. Ewig nach der Grenze schürfend, vom Willkürlichen erbittert, ist der Tod durch seinen Durst nach Sicherheiten der eigenen Hoheit würdig. Denn er ist die Fiktion, der wir alles gewähren, die irreparable Banalität der Zeit. Für den Geist besteht er ebensowenig wie *alles*. Aber der Geist *erkennt* ihn *an*, vom Blut, von alten Wahrheiten, von den Überlieferungen des Herzens bedrängt. Er *beugt* sich. Das Ich zwingt ihm den Tod auf. Und so gestattet er den Fiktionen mehr, als ihnen gebührt. *Wenn alles danach schreit, warum wäre er nicht da?* – fragt der Geist mit skeptischem Ekel. Warum sollte ich dem Menschen die oberste Lüge rauben? Er will sie, er soll sie haben. Außerstande, sich einen behaglichen Irrtum zu erfabeln, reiße er mir die Waffen aus der Hand, um ihn zu verteidigen. Er sterbe für den Tod!

… So urteilt der Geist – und setzt sich, von sich selbst geschieden, schweigend nieder.

69

Meine Schuld: ich habe das Wirkliche geplündert. Ich habe in alle Äpfel der Hoffnung des Menschen gebissen. Scheel blicke ich zur Sonne …

Zernagt von der Sünde der Neuheit, hätte ich sogar den Himmel umgestülpt. Meinen Zähnen in den Schlupflöchern des Fleisches Einhalt gebietend und Ideen in abstrakten Reigen kreiselnd, starben die Rätsel in Mund und Hirn. Wo ist der Saft des Werdens, der das Pochen von Geist und Blut auffrischen könnte? Zurück bleiben nur tote Tropfen, die meine Vergangenheit besäen wie eine Milchstraße des Nichtsinns.

Atmen ist Unzucht. Und ich halte Ausschau nach unbesudelten Leibern, um die Überreste meiner Brunst zu verschleudern, und unberührten Gedanken, um meine aufgeloderten Müdigkeiten zu verstreuen.

Das Nichts, das die Abwesenheit des Weltganzen berauscht, will ich mit dem schallenden Beben der Seele anreichern, seine Stille mit einem Stimmenwirbel aufschlitzen, das Unheil meiner Musik in den Weiten abstreifen! Ich sei die Seele der Leere und das Herz des Nichts!

70

Wird es dir gelingen, die neinsagende Berufung, die an dir zehrt, zu ersticken? Niemals.

Wirst du das Böse heilen, das den Gang deines Odems zerfressende? Mitnichten.

Wirst du die Bitternis der Sinne je zum Keim von Fragen erhöhen? Allzeit.

Willst deines Heillosen Satzung du nicht auswringen und gießen ins Süße des Glaubens? Keineswegs.

… In deinem Blute des Niemals Hefe sich ergötzt, in deinem Blute die Zeit sich entfügt – und ein umgekehrter Lobgesang rettet dich vor der Erlösung Ertrinken. Und in Gottes Auge schleicht sich der Teufel, und du folgst seinem Schatten und seiner Spur …

V

71

Anmerkungen

Seite 9, 17, 47, 52, 54, 108, 110
Gewölbe: Vgl. Genesis 1, 6–8: »Gott sprach: Gewölb werde inmitten der Wasser und sei Scheide von Wasser und Wasser! So machte Gott das Gewölb und schied zwischen dem Wasser ringsunter dem Gewölb und dem Wasser ringsüber dem Gewölb. Und es ward. Dem Gewölb rief Gott: Himmel!« *Die Schrift. Die fünf Bücher der Weisung. Erstes Buch: Das Buch Im Anfang.* Verdeutscht von Martin Buber gemeinsam mit Franz Rosenzweig, Berlin o.J. [1926], S. 7.

Seite 9
Genesis III, 24: Die Übertragung dieser ebenso eindrucksvollen wie rätselhaften Stelle wurde wesentlich angeregt von den beiden Fassungen Martin Bubers und Franz Rosenzweigs (*Die Schrift: Das Buch Im Anfang*, Berlin [1926], S. 18, und Köln 1954, S. 17). »Die Flamme/ das Lodern des *kreisenden* Schwerts« wirkt aber undeutlich, so daß ich der Übersetzung von E. Kautzsch (Tübingen 1894, ²1896) und der Deutung Claus Westermanns folgte. Vgl. dazu C. Westermann (*Biblischer Kommentar, Altes Testament*, hrsg. v. S. Herrmann u. H. W. Wolff, Genesis, Bd. I/1, Neukirchen-Vluyn 1974, S. 374): »Der hebräische Ausdruck ›das zuckende Flammenschwert‹ läßt an einen Blitz denken, und der Blitz begegnet häufig als Waffe eines Gottes.«

Seite 30
Besonders litt er (Caligula) …: C. Suetonius Tranquillus, *De uita Caesarum*, IV, 50, ed. M. Ihm, Leipzig 1907, S. 192: »incitabatur insomnio maxime; neque enim plus quam tribus nocturnis horis quiescebat ac ne iis quidem

placida quiete, sed pauida miris rerum imaginibus, ut qui inter ceteras pelagi quondam speciem conloquentem secum uidere uisus sit.« Deutsch nach André Lambert, dessen Übersetzung dieser Stelle sich der Version Ciorans zwanglos anschmiegt (*Leben der Caesaren*, Zürich, Stuttgart 1955, S. 263).

Seite 30f.
... daß er weder seiner Gemahlin noch einer Geliebten den Hals küßte ...: Vgl. Sueton, *De uita Caesarum*, IV, 33, ed. Ihm, S. 182: »quotiens uxoris uel amiculae collum exoscularetur, addebat: *tam bona ceruix simul ac iussero demetur.*« *Sueton's Kaiserbiographien* verdeutscht von Adolf Stahr, Stuttgart 1857, S. 252: »So oft er seiner Gemahlin oder seiner Geliebten den Hals küßte, pflegte er immer hinzuzufügen: *Ein so schöner Nacken wird doch, sobald ich befehle, durchschnitten werden!*«

Seite 31
Dein Roß zum Konsul befördern: Vgl. Sueton, *De uita Caesarum*, IV, 55, ed. Ihm, S. 195: »Incitato equo ... consulatum quoque traditur destinasse.« A. Lambert, S. 267: »Er soll auch beabsichtigt haben, es [sein Pferd Incitatus = Heißsporn] zum Konsul zu machen.«

Seite 32
während des Passionsspiels von Oberammergau: Cioran, der 1933–1935 als Humboldt-Stipendiat in Berlin weilte und in verschiedenen rumänischen Zeitungen und Zeitschriften über die deutsche Kultur und die Zeitereignisse berichtete, dürfte die Oberammergauer Passionsspiele im Sommer 1934 erlebt haben, als er sich in München aufhielt.

Seite 33

Mit ihren so vernünftigen Fragen ... die ebenso erhabe-nen wie ungenauen Antworten des Lammes: Cioran er-innert sich an die Szene, in der bei den Passionsspielen das Verhör Jesu durch Annas und Kaiphas gipfelt:

»*Annas.* Wenn du der Gesalbte bist, so sage es uns!
Christus. Wenn ich es euch auch sage, so werdet ihr mir nicht glauben, und stelle ich Euch eine Frage entgegen, so werdet ihr weder darauf antworten, noch mich loslassen –
Kaiphas. Höre! Ich, der Hohepriester beschwöre dich bei dem lebendigen Gotte! Sage! Bist du der Messias, der Sohn Gottes des Hochgelobten?
Christus. Du sagst es, ich bin es. Ich sage euch aber: Von nun an werdet ihr den Menschensohn zur Rechten der Kraft Gottes sitzen und auf den Wolken des Himmels kommen sehen!
Kaiphas. Er hat Gott gelästert! Was brauchen wir noch Zeugen? ...«

Das Passions-Spiel in Oberammergau. Ein geistl. Fest-spiel in drei Abteilungen. Mit Benützung der alten Texte verf. v. J. A. Daisenberger, Offizieller Gesamttext. Für das Jahr 1934 überarb. u. neu hrsg. v. d. Gemeinde Oberammergau, Dießen 1934, S. 83.

Seite 39

Münder des Paradieses: Wegen der äußerst verdichteten und vielschichtigen Metaphorik und Symbolik hier wörtlich übersetzter Plural von »*gură de raiu*«, der zweiten Ortsbestimmung, mit der die berühmteste ru-mänische Volksballade *Miorița* (Das [weissagende] weibliche Lämmchen) anhebt:

> »Pe-un picīor de plaiu,
> Pe-o gură de raiu ...«

> Am Fuß der Alm,
> Am Mund des Paradieses ...

Die rumänische Bedeutung von »*gură*« (»Mund«) ist in diesem Zusammenhang schwer eindeutig zu fassen, sie schillert zwischen Eingang, Spalt, Öffnung, Mündung, Rand, Saum, Schwelle, Schlund usw., beschwört aber einen abgegrenzten, aus dem Profanen herausgelösten, als geweiht empfundenen und zeitenthobenen Lebensraum. Ferner kann »*gură*« auch »Kuß« bedeuten und hat so nicht nur an einer kosmischen, sondern – durch die Resonanz mit »Fuß« – eben auch an der tiefverwurzelten anthropologischen Achse teil.

Da diese Ballade, die weite Verbreitung fand und vielfältige Abwandlungen erfuhr, als eine das kosmische Lebensgefühl und die naturmystische Schicksalsergebung der Schafhirten der – mythisch verklärten und besungenen »unendlich gewellten« – karpato-danubischen Hochebene (*plaiu*) idealisch verkörpernde gilt, bildet sie seit ihrer Erstveröffentlichung 1850 den Gegenstand zahlreicher volkskundlicher Forschungen und kulturphilsophischer Betrachtungen, unter denen die Abhandlung des Dichters und Kulturphilosophen Lucian Blaga (1895–1961) herausragt: *Spaţiul mioritic (Der mioritische Raum)*, Bucureşti 1936, deutsche Neuausgabe: L. Blaga, *Zum Wesen der rumänischen Volksseele*, Bukarest 1982 (mit vollständiger Übersetzung der Ballade). In dieser überaus anregenden und einflußmächtigen – wenn auch einigen Widerspruch erregenden – Schrift, die Cioran, der über seinen siebenbürgischen Landsmann zwei Aufsätze verfaßte, vertraut gewesen sein muß, umreißt Blaga den »mioritischen Raum« als »stilistische Matrix« (*matrice, matcă stilistică*) und »Raumhorizont des Unbewußten« der rumänischen Kultur. Den theoretischen Entwurf Blagas, die von ihm aufgeworfenen Kontroversen und die religionshistorische Problematik der *Mioriţa* faßt Mircea Eliade zusammen in *De Zalmoxis à Gengis-Khan*, Paris 1970, Kap. VIII: L'Agnelle voyante, S. 218–

246, deutsch: *Von Zalmoxis zu Dschingis-Khan*, Köln
1982, Frankfurt 1990, S. 235–267 (mit französischer und
deutscher Übersetzung der *Miorița*).

Seite 39
Ich habe im Leben mehreren Herren gedient: Anklang
an die Bergpredigt, Matthäus 6, 24.

Seite 39
geschnitztes Bild: Die Übersetzung aus Herders Bibel-
kommentar entspricht hier am besten der kanonischen
Fassung dieses biblischen Ausdrucks im Rumänischen,
vgl. den Dekalog in Exodus 20, 4 und Deuteronomium
5, 8. Buber übersetzt das zweite Gebot: »Nicht mache
dir Schnitzwerk ...«, *Die Schrift. Das Buch Namen*,
Berlin o. J. [1927], S. 80.

Seite 44
Seid fruchtbar und mehret euch: Genesis 1, 28; 9, 1; 9, 7
(nach Luther).

Seite 51
zweiunddreißig Verführungskünste: Die Tänzerinnen,
die den Buddha verführen sollen, sind nach der, wesentlich mahāyānisch, barock ausgestalteten Lebensbeschrei-
bung Buddhas, dem *Lalitavistara (Entfaltung des [gött-
lichen] Spiels)*, Töchter des buddhistischen Teufels, des
Māra, des Bösen – in der alten Überlieferung sind es
deren drei, Tṛṣṇā (Durst), Arati (Unruhe), Rāgā (Begier),
hier aber zahllose Apsaras (himmlische Nymphen). Sie
führen »die 32 Arten der Weiberzauberkunst« (*strī-
māyā*) vor und entfalten dann »die 64 spielerischen Dar-
bietungen des Begehrens« (*kāma-lalita*). *Lalitavistara*,
XXI: Māra-dharṣaṇa-parivarta (Das Kapitel über Māras
Angriff), ed. S. Lefmann, Halle 1902, S. 320–329, und *Le*

Lalita Vistara – Développement des jeux. Traduit du sanskrit en français par Ph. E. Foucaux, Paris 1884, S. 273–278. Eine schöne deutsche Übersetzung dieser Szene hat Ernst Waldschmidt in Auszügen gegeben: *Die Legende vom Leben des Buddha,* Berlin 1929, S. 159–164.

Seite 55
Backen: Anspielung auf die Bergpredigt, Matthäus 6, 8 (nach Luther).

Seite 80
schiefe Holzkreuze, die Wache halten bei Toten ohne Stolz: In dem noch unveröffentlichten französischen Bekenntnis (*Mon pays,* Mein Land) zur widersprüchlichen und leidenschaftlichen Haltung gegenüber seiner Heimat, das Cioran Anfang der fünfziger Jahre ablegte, heißt es: »Mein Haß, der nach einem Gegenstand suchte, glaubte plötzlich einen gefunden zu haben: es waren die Friedhöfe … Von Jähzorn auf unsere Ahnen gepackt, wußte ich nicht, wie ich sie zum zweitenmal, endgültig töten sollte. Ich haßte ihre Stummheit, ihre Ohnmacht und alle Jahrhunderte, die sie mit ihren Abdankungen angefüllt hatten. Ich dachte daran, daß man ihre Gräber sprengen, ihre Gebeine in die Luft jagen, ihr Schweigen schänden sollte, daß wir uns an ihnen rächen, ihren Niederlagen hohnsprechen, unser ›Ehedem‹, unser Nichts von eh und je zerschlagen müßten …«

Seite 80
Fuß der Alm: siehe die erste Anmerkung zu Seite 39.

Der rumänische Schwanengesang Ciorans

Über ein Werk wie den *Leidenschaftlichen Leitfaden* (aufgezeichnet in zwei Fassungen während der Weltkriegsjahre 1940–1944) läßt sich wenig Aufschlußreiches verraten, weil es nicht nur Rätsel aufwirft, sondern selbst ein Arcanum ist. Bis vor kurzem war sogar sein Vorhandensein überhaupt geheim. Nur wenige wurden vor der Buchausgabe 1991 in diese, fast ein halbes Jahrhundert lang sorgsam verheimlichte Schrift eingeweiht. Dennoch wollte ihr Urheber keinen hermetischen Schleier darum weben. Vielleicht bewog den Alternden eher der Sog des Erinnerns als Stolz, einigen bis spät in die Nacht verweilenden Freunden die beiden Hefte der beinahe vergessenen Handschrift zu zeigen. Das flüchtig Offenbarte versank sodann in den labyrinthischen Wucherungen der Arbeitskammer. Diesem vertraulichen Wink, der einen Schacht ins Innenleben des frühen Pariser Schaffens eröffnete, stand zugleich eine zaghaft wirkende, jedoch beharrliche Abwehr entgegen: Abwehr gegen jeden, selbst den in Freundschaft ergebensten Einblick in ein als abgetan und unmöglich Beschworenes, Abscheu gegen die verhaßte Neugier des Wühlenden und Schürfenden.

Ciorans Haltung zu seinem unvollendet gebliebenen letzten rumänischen Opus war zwiespältig und schwankend, zeugte von seiner übermäßigen Verletzbarkeit. Dagegen hatte das Werk zwei Jahrzehnte nach der Niederschrift eine ebenso unerbittliche wie unverrückbar anmutende Verurteilung von seiten des nun auf der Höhe seines Schöpfermutes Stehenden erfahren. Kraft dieses Bannspruchs wurde der *Leidenschaftliche Leitfaden* jedem – sogar dem eigenen – Zugriff entzogen. Der Dichter befand, daß die vereinzelte, unterdrückte Schrift fortan als »unlesbar, unbrauchbar, unpublizierbar« zu gelten habe, und so fand sie denn auch keinen Zugang zur Welt. Die einzige Gewißheit ist letztlich, daß Cioran sie ausdrücklich verworfen hat.[1]

Die Gründe für den späten Sinneswandel des Achtzigjährigen, der sich einer Veröffentlichung nicht mehr widersetzen mochte, könnten zum Teil belichtet werden: Es handelte sich zunächst lediglich um eine Drucklegung in dem abgelegenen Land seiner Geburt, dessen seinerzeit opferreiche Rückbindung ans Abendland dem greisen Verbannten Erinnerungen an die Anfänge wachrief und ihn zu Tränen der Rührung trieb. Das beinahe fünf Jahrzehnte während Verschweigen ließe sich mithin vom Launischen und Orakelhaften ablösen und als offene Wunde eines sich an dem Scheideweg seines Lebens und Wirkens Erinnernden auslegen.

Der *Leidenschaftliche Leitfaden* ist ein Schlüsselwerk, das ein Ringen um Selbsterneuerung einschließt, eine Einübung in Selbsteinkehr und Selbstsprengung vor einer einschneidenden gestalterischen Verwandlung und einer notwendig gewordenen Umprägung des eigenen Weltverhältnisses. Daß Cioran dieses Bekenntnis der Selbstentblößung unmittelbar nach dem Abschluß, Mitte der vierziger Jahre, in Druck zu geben gedachte, leuchtet angesichts des Krieges, seiner zerfleischenden Folgen und der dadurch entfachten Umwälzung in Rumänien ein. So wurde er etwa nach Kriegsende zwangsläufig zum Verräter, zum Klassenfeind, zum ideologischen Gegenfüßler. Weshalb er das Buch nicht in französischem Umguß zum Leben zu erwecken suchte, läßt sich mit seiner Verwurzelung in Herkunft und Muttersprache erklären, die ihm hernach eher zur Bürde denn zum Quell der Eingebung wurde. Fruchtbar wird die Befragung des *Leidenschaftlichen Leitfadens* aber, wenn die Triebfedern der Ablehnung Anfang der sechziger Jahre erhellt werden. Denn das Licht, das Cioran damals auf den scharfen Grat des *Leitfadens* warf, der ihn in die bodenlose Kluft seiner Entzweiung mit dem Vaterland riß, dürfte ihm das unnahbare Ferne und unumkehrbar Ausweglose jener Zeit zur Gewißheit haben gerinnen lassen. Die Zeit, da er in die Kulturgeschicke seines Landes hitzig einzugreifen suchte, war zerronnen. Der Weltenbrand hatte die Nabelschnur zur Vergangenheit jäh durchtrennt.

Der in Frankreich Zurückbleibende stand den schrillen Auswüchsen und Ausbrüchen in seinem rumänischen Frühwerk fassungslos und verloren gegenüber wie nie zuvor, zumal deren grell aufragendem und mit Sprengkraft geschwängertem letzten Ausdruck, den er in seinen *Leitfaden* gesenkt hatte. Bleibt dieser doch das halsbrecherischste, die ureigensten Abgründe am eindringlichsten fassende und erschließende unter allen Schreibexerzitien des in der Verbannung Verwaisten. Und da tut sich ihm auf seinen Pariser Streifzügen ein Himmel auf, der den verzweifelt Verinnerlichten unwiderstehlich überleuchtet und vereinnahmt: »Aschig und weiß verhüllt die Weite ewig etwas: *der Himmel* ist jenseits. Paris hat keinen ›Himmel‹« (S. 47). Dem Pariser Himmel, diesem ihn mit schwerelos elementarer Schwermut berauschenden Überwölber, wird er die Treue halten, unter ihm seinen Erdenwandel beschließen, denn: »Himmel von Paris, unter dir möchte ich sterben! Deine Verderbnis ist mir vertraut: keinen Willen habe ich mehr.« (S. 110)

Als die Rückkunft zur »Siebenbürgischen Burg« sich als unumstößliche Unmöglichkeit erwies, hatte der Dreißigjährige noch kaum Wurzeln geschlagen im sirenenhaften Paris, das er beharrlich mit jener eigenen zeitvergessenen, traumüberwucherten Burg unterirdisch verschränkt. Als Schauender und Schweifender erlag er dem über Paris schwebenden Gewölbe. Im »verfluchten Winkel« des »verfaulten Balkans« erwartete ihn dagegen ein Himmel, der niemanden einhüllt und zur Hölle wird, sobald man zu ihm aufblickt. (S. 49) Daraus erwuchs ihm der erdrückende Zwang, weder zurückkehren zu können, noch sich der fremden und spröden Kultursprache bemächtigen und bedienen zu wollen. Unter dem Druck der Drohung dieses Taumelns und Zweifelns brach sich der dem überschüssigen Jugendfeuer allmählich Entwachsende die einzige Bahn zur Rettung, schlug er mit schlafwandlerischem Griff die einzige Bresche ins Ungewisse: ein Innehalten vor der Entraupung, getarnt als Voranstürmen mit den vertrauten Kunstwaffen. Die hingebende, andächtige Hinwendung zum Französischen unwiderruflich zu wagen war angesichts seiner verworrenen geschichtlichen Verstrickung verfrüht, sein Werk mit der unbändigen Schreibraserei der Jugend fortzuspinnen verwehrten ihm die mannigfach verschärften Einwirkungen des Exildaseins. Ein seltsamer Ausweg bahnte sich an, der ihn ins Unbetretene wies: Zwar schrieb er weiterhin in seiner Muttersprache, die aber auf Grund der Entfremdung ihre Inbrunst übersteigerte, die an der Substanz der Verbannung zehrte (S. 110), und der Ausgang des Krieges vereitelte allen Widerhall und jede Rückwirkung. Das Zurück wurde zur Sackgasse, ein Wiederaufleben des Begonnenen und Unterbrochenen zur Falle. Man erlebt den Sturmsäenden als gebrochen, geängstigt, um sein Selbstsein mit Feuer und Bitterkeit bangend, einer lockend wispernden Weltenleere zutreibend. Gleichwohl erreicht er unter diesen Umständen eine gedankliche Dichte und sprachliche Strahlkraft, die ihn gebieterisch herausfordern, seinem Schöpfungsdrang Fesseln anzulegen und ihn in eine unerschöpfte, schwerblütige, lastende und erschütternde Prägnanz zu gießen. So erwächst ein aufs äußerste ver-

dichtetes Dickicht bekenntnishafter Bruchstücke, die – vielgestaltig abgewandelt und inkantatorisch moduliert (wollte Cioran sich nicht von jeher wiederholen können – wie Bach?) – sich zu eingefalteten Keimzellen oder irisierenden Abspaltungen bündeln und zusammenfügen. Mithin drängt sich als Gesamteindruck das Bild einer Implosion auf, welche die kaum zu steigernde Spannung und Kraft auf das Maß eines Breviariums (die stoßgebethafte endzeitliche Selbstausstülpung hieß ursprünglich *Leidenschaftliches Brevier, Breviar pătimaş*) germinal zurückzwingt, als das einer Explosion, die den Ausdruck schlagartig hinaussprengt und ausweitet. Formelhaft genommen: nicht Ausdehnung, sondern Rückzug ins Innere. Das Knochige der wachsamen Versenkung, der Wille zur erzenen Diktion, die sich kernig und klangkräftig ins Unauslotbare einbrennt, nicht ins Weite ausgreift, gemahnen an aus der Vorzeit anbrandendes Sehertum. Zungen der Welterkenntnis zischen auf Schritt und Tritt aus finsteren Klüften hervor. Nie lagen die Nervenstränge Ciorans bloßer, nie zuckten seine Sprachwurzeln lebendiger als im *Leidenschaftlichen Leitfaden.* Er ist Kraftzentrum des Frühwerks und Hebel zu dessen Überwindung. So greift er der Destillation und Kristallisation dieses wirbelhaften, brodelnden Stils im reifen Cioranschen Œuvre vor. Der *Leitfaden* steht als Schlußstein aller zügellosen Leidenschaft der Jugend. Aus dem Durchstoßen der letzten Grenzen des aufschießenden Übermaßes an Leidenschaftlichkeit rühren sowohl die später errungene formale Gediegenheit und frivole Geschmeidigkeit seiner französischen Schreibkunst als auch das nie erlahmende, zwischen Verachtung und Ehrfurcht, Abgestoßensein und Hingezogenwerden, unversöhnlichem Haß und uneingestehbarer Liebe pendelnde Hadern mit dem Land seiner Väter.
Zwei Eigenheiten stechen im *Leidenschaftlichen Leitfa-*

den hervor: Cioran findet darin erbarmungslose Worte gegen sein Land und gegen seine »vom Pflug gekrümmten« Landsleute. Somit bilden diese Brandmarkungen (»wilde Schmähungen gegen meine Ursprünge«) eine Brücke zwischen der in der *Verklärung Rumäniens* (*Schimbarea la faţă a României*, 1936, Neuausgabe 1990) übereifrig, ja blindwütig verfochtenen Erneuerung und Auferstehung dieses Landes und der späteren, eher schwermütig-skeptischen als wehmutsvoll-ironischen Abwendung von diesem Volk »ohne Hochmut« und seiner Kultur, wie sie vor allem *Dasein als Versuchung* (*La tentation d'exister*, 1956) und *Geschichte und Utopie* (*Histoire et utopie*, 1960) verkünden. Andererseits enthält der *Leitfaden*, darin der *Verklärung Rumäniens* folgend, die Grundfesten von Ciorans Kultur- und Geschichtsphilosophie, deren Eigenwert freizulegen und Geltung zu ermessen die ihr eigene dichterische Verschlungenheit sowie die auf den ersten Blick blendende, das heißt blind machende Nähe zu einer weitverzweigten und tiefzurückreichenden Überlieferung des Denkens über den Niedergang erschweren.

Jedenfalls darf die scheinbare Vergötzung von Cäsarentum, Hochmut oder ungezähmtem Machtdurst des Barbarischen nicht zum Rückschluß auf das von Cioran angetretene Erbe des Nietzscheschen – im politischen Sinne mißverstandenen – Willens zur Macht verführen. Denn das Ausschlaggebende am Cioranschen Denken – das so eng verwoben ist mit seinem Dichten, daß es schwerlich gewittert und herausgesponnen wird – ist die nie ausgesprochene, aber stets eingefaltete und vorausgesetzte Metaphysik mit Ausblick auf Äußerstes und Letztes. Selbst hereinbrechende Sintfluten von Machtherrlichkeit entschleiert Cioran wie alles Gestaltete, Gewordene und Werdende als Rinnsal ins Hinfällige, ins Entwerden, ins Nichts. Er hat von jeher die Fülle des

Denk- und Fühlmöglichen auszuschöpfen gesucht, um sie dann in ein Urwissen vom Leeren, vom letztlich Wesenlosen und Zerrinnenden münden zu lassen. Der sogenannte Nihilismus Ciorans ist weder bejahend noch verneinend, sondern schwebend. Das rein verneinende Vorschreiten seines vielfach verlarvten Denkens ins Sein ist weder kritische noch dialektische Negativität noch nihilistische Ontologie, die in der Absolutsetzung des Nichts erstarrt, sondern Nicht-Seinslehre (Mē-Ontologie) oder genauer Gegen-Seinslehre (Anti-Ontologie) in Gestalt eines bis in die abyssalste Jenseitigkeit hinausblitzenden Denkstoßes, den die Leere pleromatisch befruchtet: das schlechthin Paradoxe. »Ich sei die Seele der Leere und das Herz des Nichts.«

In den Kriegsjahren trieb Cioran englische Studien und versenkte sich in die großen englischen Dichter, vor allem in Shakespeare und Shelley. Sooft Trübsal über ihn hereinbrach, schlug er die rumänische Bibel auf und las darin nicht mehr als eine Seite. Dabei glättete sich sein verzerrtes Gesicht. Sein Ausdruck verklärte sich. Die Heilige Schrift in seiner Muttersprache war noch Labsal seiner finstersten Stunden, ihr einziges Gegengift. Dieses Bibelstechen hat jedoch nicht nur Seelennot gelindert und geistige Heilwirkung entfaltet, sondern auch im *Leidenschaftlichen Leitfaden* sichtbare Spuren gegraben. Kein einziges muttersprachliches Werk Ciorans atmet eine dermaßen urtümliche und, bei aller schwindelerregenden Abstraktion, raunende und betäubende Sprachgewalt. Angesichts dieser Archaik des Urtextes wird jedes übersetzerische Annäherungsstreben zu ohnmächtigem Stolpern, zu gespenstischem Greifen ins Leere, zu Haschen nach Wind. Denn das Deutsche hat die urwüchsige, rauschdurchsäuerte Wortkraft und die schlangenhafte Anmut der Cioranschen Sprache eingebüßt. »Alle diese zivilisierten Sprachen sind völlig abgegriffen« (Toutes ces langues civilisées sont usées jusqu'à la corde), beteuert Cioran. Noch ehe er – von den Zeit-stürzen fortgerissen – seine rumänische Haut abstreifte, sog er mit aller Kraft am Quell einer Sprache, in der er unwiderruflich verstummen wollte. Seine Gedankenwelt unterwarf sich hinfort der Formzucht seines französisch eingefaßten Scharfsinns, der *Leidenschaftliche Leitfaden* aber setzte die Grenze zu unwiederbringlicher Glut.

Anmerkung

[1] Am 28. November 1975 schreibt er an seinen Bruder in Her-mannstadt: »Ich danke Dir für die Mühe, meine mehr oder weni-ger jugendlichen Abschweifungen abzuschreiben. Ich habe auch eine etwas bessere Fassung dieses *Leitfadens*, der mir gar nicht ge-fällt. Ich rate Dir, ihn zu vernichten. Jedenfalls werde ich das mit allen meinen rumänischen Manuskripten tun …« Und wieder am 23. Juli 1981: »Diese Art von zügellosem Lyrismus ist mir völlig fremdgeworden. Er ist zu poetisch, zu ›jugendlich‹, zu ›enthusia-stisch‹.«

Inhalt

I

151

III

IV